다 안다고 착각하는 과학 상식

우에타니 부부 지음
갈릴레오스튜디오 감수
한선주 옮김

위즈덤하우스

머리말

안녕하세요. 이 책을 쓰고 그린 이공계 출신 일러스트레이터 우에타니 부부입니다. 여러분은 평소 우리 주위에서 일어나는 현상에 다음과 같은 궁금증을 가져 본 적 없나요?

- 숲속 공기가 상쾌한 이유는?
- 무지개는 어떻게 생길까?
- 이온 음료의 '이온'은 뭐지?
- 바닷물에서 몸이 잘 뜨는 이유는?

이런 궁금증이 사실은 다 과학이랍니다. 다 아는 상식이라고요? 정말 그런지 제가 그린 만화 속으로 따라와 보실래요?

만화 속 주인공은 개그를 좋아하는 '포코타'입니다. 포코타는 공부를 싫어하고 과학에 별로 관심이 없어요. 그런데 어떤 일을 계기로 신기한 능력이 생기면서 조금씩 과학에 흥미를 느끼기 시작합니다. 포코타가 일상에서 궁금증을 해결하는 모습을 보면 여러분도 "아, 그렇구나!" 하고 깨달을 수 있을 겁니다.

책에서는 주로 기초 과학 상식을 다루고 있어요. 그래서 과학이 어렵게 느껴지는 분들이 읽기에 좋습니다. 특히 중학교 입학을 앞둔 초등학생들에게 추천합니다. 책을 읽고 나면 과학 수업 시간이 더 재밌어질 거예요!

과학에 재미를 못 붙였던 고등학생·대학생, 성인 여러분에게도 이 책을 추천합니다. 책을 읽고 나면 과학이 재미있다는 사실을 알게 되고, 일상에서 일어나는 일을 바라보는 시선이 달라질 것입니다.

책의 감수를 맡아 주신 길릴레오스튜디오의 히리구치 루미 선생님과 책을 디자인하신 다카키 씨, 그리고 책을 쓸 기회를 주신 편집자 호시노 씨 덕분에 재미있는 만화로 완성할 수 있었습니다.

이 책을 읽고 '과학은 우리 주변에 가득하구나, 정말 흥미로워!' 하고 느끼기를 바랍니다.

우에타니 부부

차례

머리말 2
등장인물 7
프롤로그_ 여름 방학 시작 8

1장 시골 할아버지 집으로!

낡은 두루마리의 비밀 ——— 12

|화학의 방| 오래된 깡통 ——— 20
  Q '녹슨다'는 게 뭐지?_ 산화 26
  깨알 지식 환원 반응으로 순수한 철 얻기 31

|생물의 방| 숲속 공기 ——— 32
  Q 상쾌한 공기의 비결은?_ 광합성 38

|물리의 방| 과자 봉지 ——— 44
  Q 산 정상에서 과자 봉지는 왜 부풀어 오를까?_ 기압 48

2장 두근두근 포코타의 첫사랑?

|물리의 방| 무지개 ——— 58
  Q 무지개는 왜 생길까?_ 빛의 성질 62
  깨알 지식 빛의 성질을 이용한 물건 67

| 생물의 방 | **상처에 난 딱지** ——————————————— 68
- **Q** 딱지는 뭘까? _ 혈액 성분 70
- **깨알 지식** 인체를 구성하는 부분 75

| 물리의 방 | **자전거 전조등** ——————————————— 78
- **Q** 자전거 페달을 밟으면 왜 전조등이 켜질까? _ 에너지 변환 82

| 물리의 방 | **불꽃놀이** ——————————————————— 90
- **Q** 불꽃 터지는 소리는 왜 늦게 들릴까? _ 소리 94
- **깨알 지식** 소리(초음파)를 이용한 물건 101

| 지구 과학의 방 | **달** —————————————————————— 102
- **Q** 달은 왜 낮에도 보일까? _ 달의 위상 변화 106
- **깨알 지식** 달에 관한 상식 111

3장 수영장으로, 바다로! 신나는 물놀이

| 화학의 방 | **이온 음료** ——————————————————— 116
- **Q** 원자가 뭐지? 120
- **Q** 이온은 뭘까? 123

| 화학의 방 | **컬러 딱풀** ——————————————————— 126
- **Q** 컬러 딱풀의 색이 사라지는 이유는? _ 산성과 알칼리성 130
- **깨알 지식** pH 활용해 귤 통조림 만들기 135

| 물리의 방 | 드라이아이스 ——————————————— 138
  Q 얼음과 드라이아이스는 뭐가 다르지? _ 물질의 상태 142

| 물리의 방 | 바다 ———————————————————— 148
  Q 바닷물에서는 왜 잘 뜰까? _ 부력 150
  깨알 지식 배가 뜨고 가라앉는 것 157

4장 이제 안녕, 신기한 두루마리

| 지구 과학의 방 | 구름 ———————————————————— 162
  Q 구름은 어떻게 생길까? _ 공기의 성질 168
  깨알 지식 구름의 종류 172

| 물리의 방 | 벼락 ———————————————————— 174
  Q 벼락은 뭘까? _ 정전기 178

| 물리의 방 | 엑스레이 ——————————————— 182
  Q 엑스레이로 어떻게 몸속을 들여다볼까? _ X선 186

에필로그_ 여름 방학 끝 195

등장인물

포코타
너구리 같아 보이지만 평범한 중학생.
학교는 하교하는 맛에 다닌다.
개그를 좋아해서 밤늦도록 개그맨
디제이의 라디오를 듣고, 수업 시간에는
꾸벅꾸벅 졸기 일쑤다.

신비한 나뭇잎
???????

다케
포코타와 같은 반 친구.
미술 동아리. 덩치가 크고
마음씨가 곱다.

마사
포코타와 같은 반 친구.
맨날 지는 야구
동아리 소속이다.

포코스케
포코타의 할아버지.
시골에서 지낸다.

포코요시
포코타의 아빠.
회사원. 가족과 떨어져
지방에서 근무한다.

폰코
포코타의 엄마.
정육점에서
일한다.

피코미
포코타의 여동생.
초등학교 6학년.

포코타는 동아리 활동을 하지 않는다.
세 사람 모두 개그를 좋아해서 친하다.

방학 땐 집에서 뒹굴뒹굴해야지.

이랬던 포코타는 여름 방학 때

신기한 일을 겪게 된다.

1장
시골 할아버지 집으로!

낡은 두루마리의 비밀

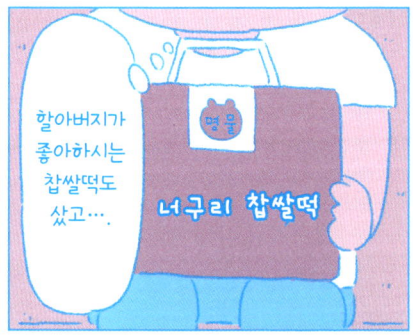

….

이너구암리호를
푼너사람구리에게는
엄청난너능력구이리생긴너다구리.
너얼마구리든지너써구도좋리지만
너구그힘리은30너일이지나구리면
사너라구진리다.

암호인가?

뭐라고 쓴 거지….

물끄러미

끄~응

너구리 그림이 있으니 '너, 구, 리' 라는 글자를 빼고 읽어 볼까? 혹시 모르잖아.

맞을지도….

아!

아닐 수도 있지만….

Q 녹슨다는 게 뭐지?

A 금속 표면이 천천히 산화되는 걸 말해.

산화란 뭘까?

산화란 어떤 물질이 산소와 결합해서 다른 물질이 되는 반응을 말한다. 이런 산화로 만들어진 물질을 산화물이라고 한다. 예를 들어, 구리가 산화하면 '산화 구리'가 된다.

요롷게!

산화 구리   산화 칼슘

산화에는 두 종류가 있다.

열과 빛이 발생하는 빠른 산화
(연소라고도 한다.)

연소도 산화의 한 종류야.

예시

촛불

모닥불

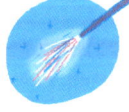
불꽃   엔진

느린 산화
(반응이 느려서 알아채기 어렵지만 열이 발생한다.)

예시

사과의 갈변

금속의 녹

기름의 산패

머리카락 염색

평소에 우리가 보는 건 대부분 철에 생긴 녹이야!*

* 금속은 녹스는 성질이 있다(금 제외). 그중에서도 철은 녹이 아주 잘 슨다.

철이 녹스는 원리

① 철의 표면에 물이 달라붙는다.

② 물속의 산소가 철과 반응한다 (산화).

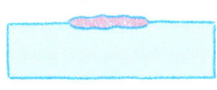

③ 반응이 진행되어 녹(산화 철)이 된다.

철이 녹슬려면 물과 산소가 필요해!

철의 녹에도 종류가 있다.

 못
 철길

붉은 녹

철을 공기 중에 놓아두면 생긴다. 부식되는 원인이다.

 철 주전자
 프라이팬

검은 녹

철을 강하게 가열하면 생긴다. 철을 더 단단하게 한다.

철이 잘 녹슬지 않는 방법

 자동차 몸체

 양철통

양철은 철에 주석이라는 금속을 코팅한 거야.

 스테인리스** 식기

방법 1 : 페인트칠

철의 표면에 페인트를 칠해서 공기와 물이 닿지 않게 한다.

방법 2 : 도금

잘 녹슬지 않는 금속을 철의 표면에 코팅한다.

방법 3 : 합금

철에 다른 금속을 섞으면 잘 녹슬지 않는 합금이 만들어진다.

** 철에 크로뮴이나 니켈 등의 금속을 섞은 것.

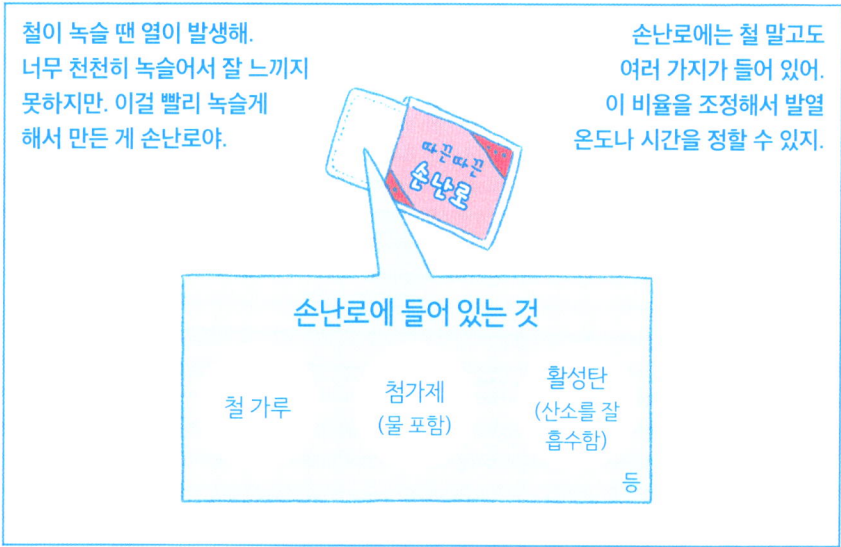

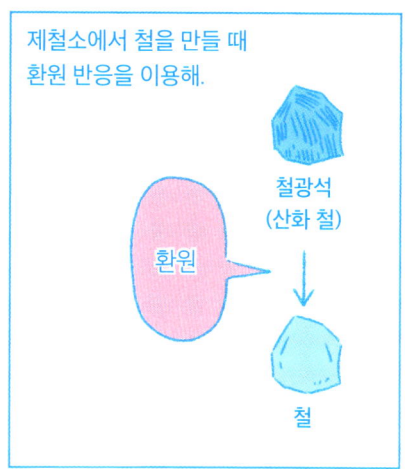

| 깨알지식 | **환원 반응으로 순수한 철 얻기** | 산화의 반대 반응인 환원은 철을 만들 때 꼭 필요하다. |

① 원료 넣기
원료인 철광석과 석회석, 코크스를 용광로에 번갈아 넣는다.

철광석
철을 함유한 광석.

코크스
석탄을 높은 온도에서 쪄서 만든 것. 철광석에서 산소를 분리(환원)한다.

② 가열
용광로 안에서 2000℃까지 가열하여 환원 반응을 일으킨다.

Fe_2O_3(산화 철)
↓
↓
↓
Fe(철)

Point!
산소(O)가 계속 떨어져 나간다!

아….
안녕~!

용광로
(높이 100m 이상)

광! 광! 광!

원료 통로

③ 철의 배출
용광로 아래쪽에서 산소가 제거된 철을 배출한다.

철광석과 코크스, 석회석이 들어 있다.

광! 광! 광!

철에도 종류가 있어. 이건 '선철*'이라고 해.

④ 불순물 제거
이 단계의 철은 물러서 제품으로 쓸 수 없다. 탄소와 같은 불순물을 제거하는 여러 과정을 거쳐 더 단단한 철(강철**)을 만든다.

* 탄소 함유량이 2.0~4.5%인 철.
** 탄소 함유량이 0.02~2.0%인 철.

| 생물의 방 | **숲 속 공 기**

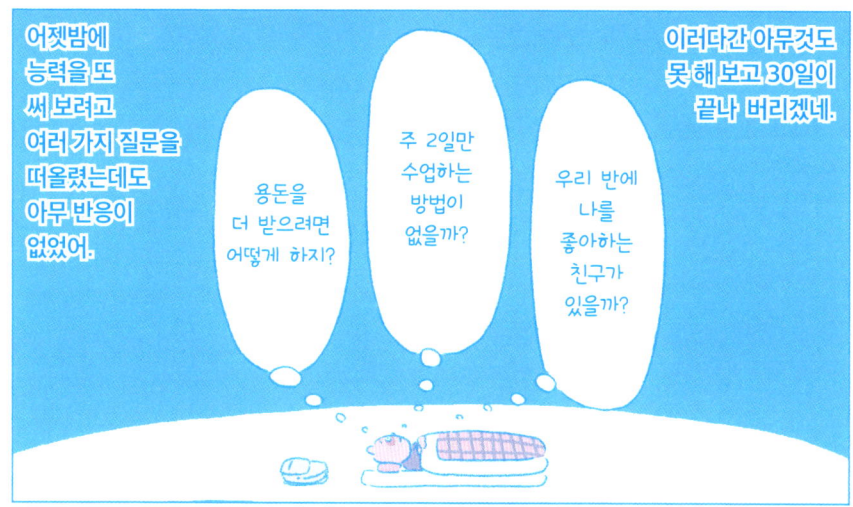

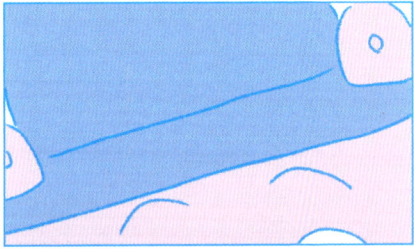

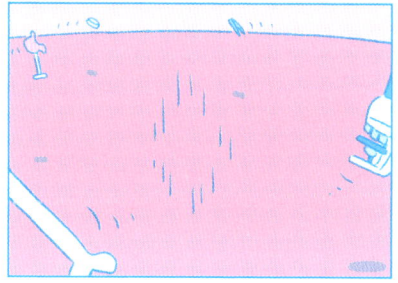

Q 상쾌한 공기의 비결은?

A 식물이 **광합성**으로 신선한 산소를 만들거든.

광합성은 왜 하는 걸까?

식물이 생명을 유지하고 생장하는 데 필요한 에너지를 만들기 위해서.

벌레잡이 식물도 주요 양분은 광합성으로 얻는다.

지구상의 거의 모든 산소는 식물에서 만들어진다.

엄청 고맙지?

광합성의 원리

식물은 **엽록체**에서 햇빛과 물, 이산화 탄소로 양분과 산소를 만들어 낸다.

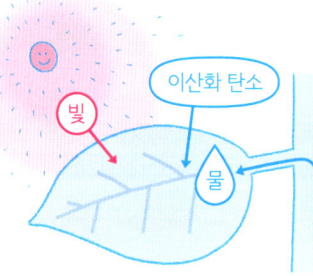

① 뿌리에서 빨아들인 '물'과 공기에서 흡수한 '이산화 탄소', 여기에 '빛'이 닿으면….

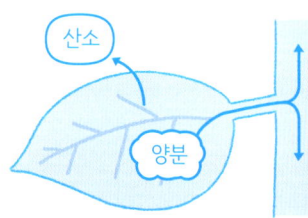

② 양분이 만들어져 식물 전체로 운반된다. 이때 산소는 밖으로 배출된다.

햇빛 외에도 전구나 형광등, LED(발광 다이오드)로도 광합성이 가능하다.

LED를 사용해 실내에서 채소를 재배하기도 한다.

집에서 키우는 식물 재배 키트도 있어.

빛을 받는 양을 스스로 조절하는 잎

식물은 빛을 받는 양을 스스로 조절한다. 잎의 방향을 바꾸거나 세포 안에 있는 엽록체의 위치를 옮기기도 한다.

아침과 저녁
(햇빛을 듬뿍 받고 싶을 때)

잎을 넓게 벌려서 빛을 골고루 쬔다.

세포

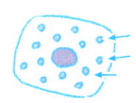

엽록체가 골고루 퍼져 있다.

낮
(햇빛이 너무 강할 때)

빛을 조금만 쬐도록 잎을 오므린다.

세포

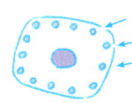

엽록체가 가장자리로 몰려 빛을 적게 받는다.

양분에는 어떤 게 있지?

포도당과 녹말*. 포도당이 만들어진 다음 녹말로 바꿔서 저장한다.

만들어 낸 양분은 일단 잎에 저장해.

*녹말은 포도당이 여러 개 이어진 것인데, 물에 잘 녹지 않아서 저장하기 쉽다.

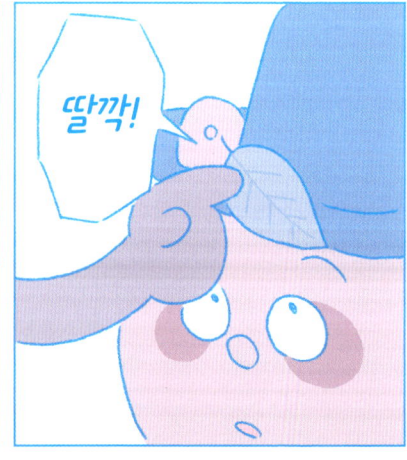

| 물리의 방 | **과 자 봉 지**

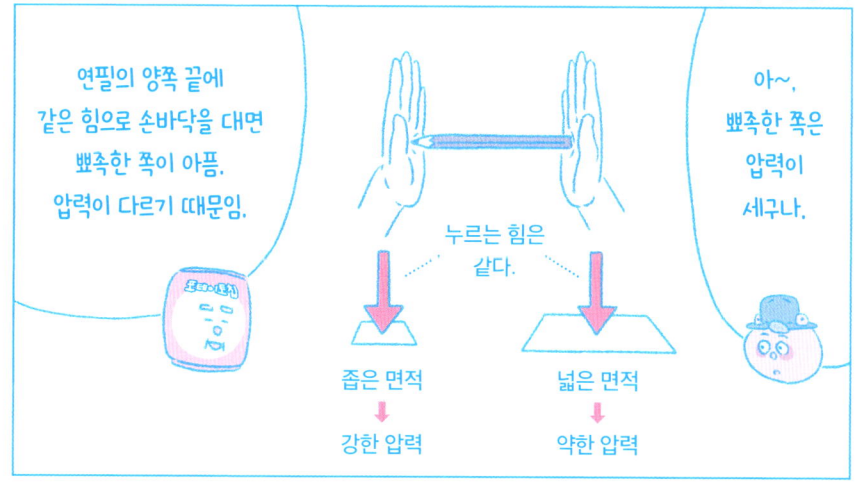

Q 산 정상에서 과자 봉지는 왜 부풀어 오를까?

A 산 중턱보다 산 정상의 **기압**이 더 낮기 때문이야.

기압이 뭐지?

기압이란 공기가 지구상의 모든 사물에 가하는 압력이다. 대기압이라고도 한다.

우리는 기압을 느끼지 못하지만 사실 아주 큰 힘이 작용하고 있다.

사람이나 물건이 찌그러지지 않는 이유

몸 안쪽에서도 기압과 같은 압력으로 밀어내기 때문에 쪼그라들지 않는다.

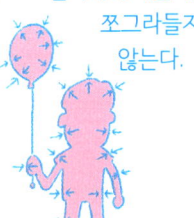

파스칼(Pa)이라는 단위는 프랑스의 수학자이자 물리학자인 블레즈 파스칼(1623~1662년)의 이름에서 따왔다.

대기압의 존재를 증명했지.

참고로 대기압을 발견한 사람은 토리첼리(1608~1647년)야.

해발 0m에서의 기압은 약 1013hPa*이며, 높은 곳일수록 기압은 낮아진다.

*기압의 단위이며, 헥토파스칼이라고 한다. 헥토는 100이라는 뜻. 1hPa=100Pa

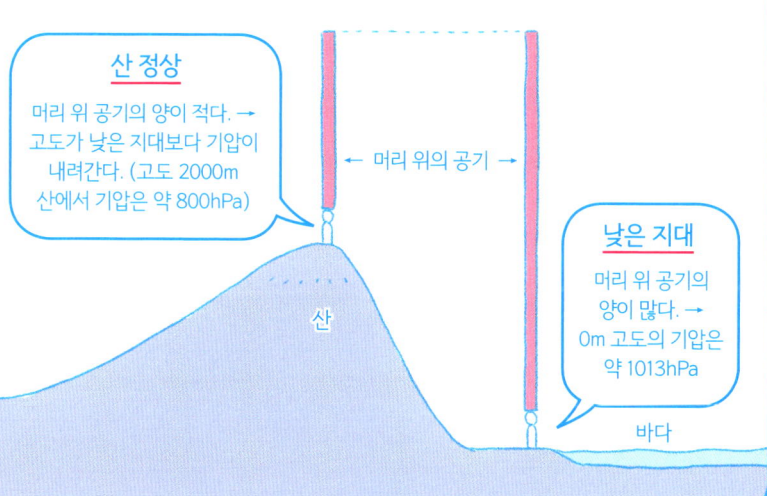
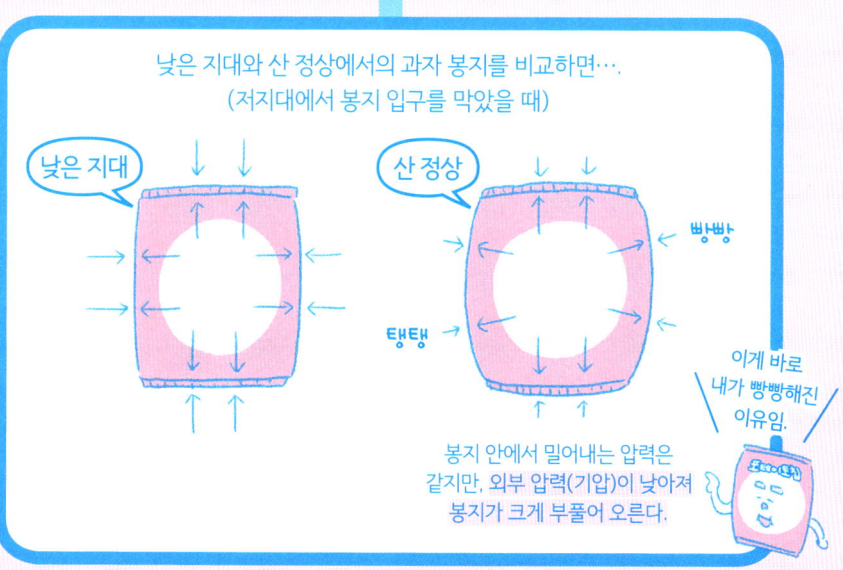

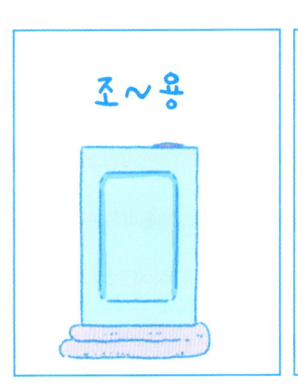

깡통이 찌그러지는 원리

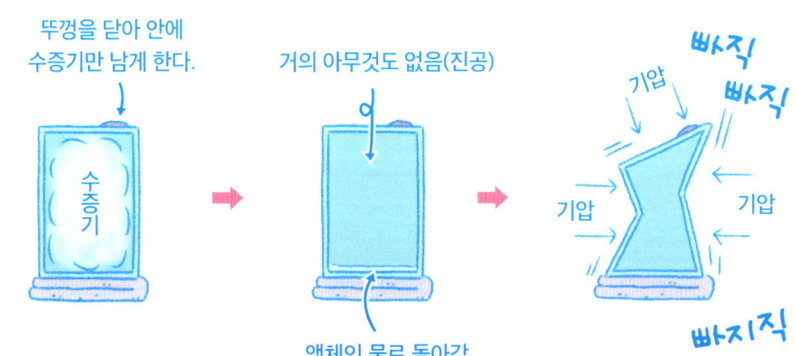

① 깡통 안의 물이 끓어서 수증기가 되면 공기가 바깥으로 밀려 나온다.

② 깡통이 식어서 수증기가 다시 액체가 되면* 깡통 안은 진공 상태가 된다.

③ 깡통 안에서 밀어내는 압력이 없어져 바깥쪽의 기압에 눌려 깡통이 찌그러진다.

*물이 되면 수증기의 1000분의 1 정도로 부피가 줄어든다.

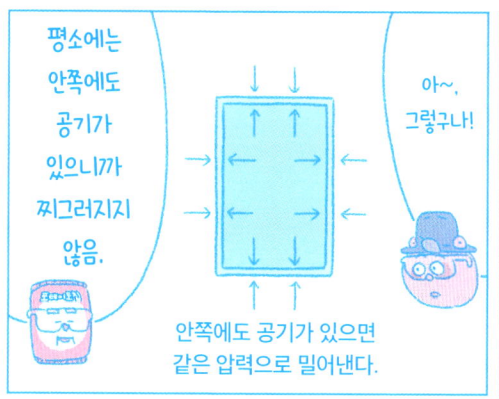

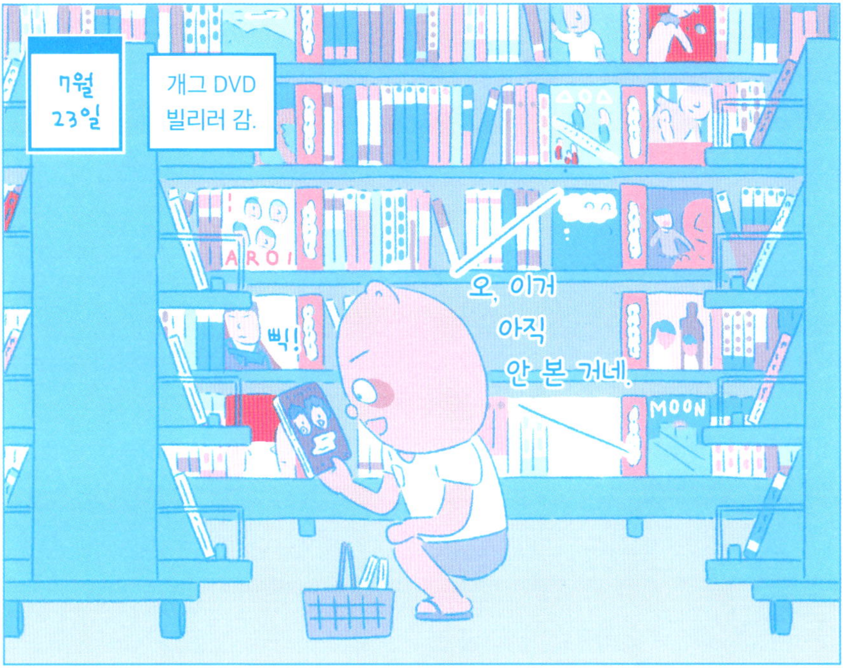
7월 23일
개그 DVD 빌리러 감.
오, 이거 아직 안 본 거네.
삑!
AROI
MOON

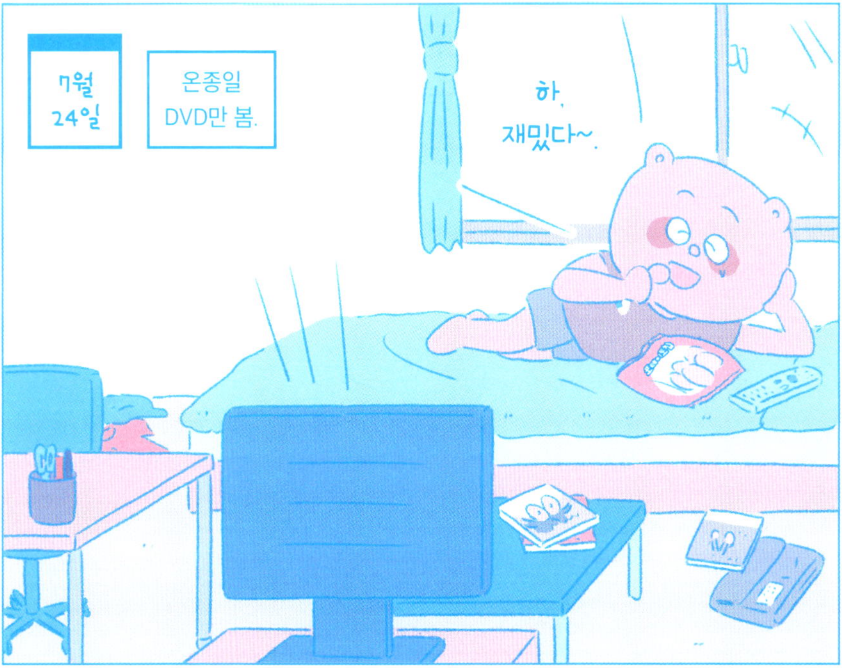
7월 24일
온종일 DVD만 봄.
하, 재밌다~.

1장 과학의 방 캐릭터

포테이토칩
말끝에 '~임'을 붙이는
습관이 있다. 짭짤한 소금 맛이다.

녹슨 깡통
보기엔 녹슬었어도 마음은
깨끗하다. 철로 만들어졌다.

나무
식물인 것을 자랑스러워한다.
무슨 나무인지는 모르겠다.

2장

두근두근 포코타의 첫사랑?

| 물리의 방 | # 무 지 개

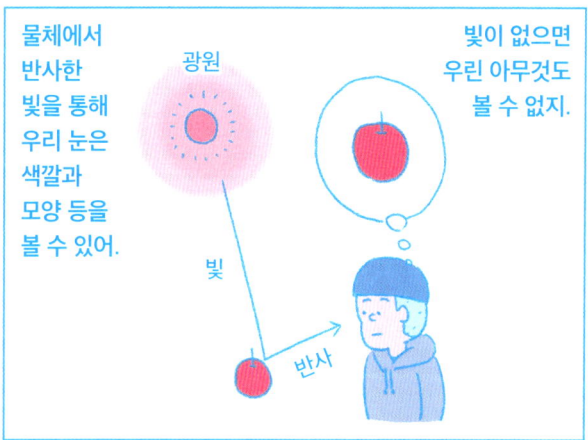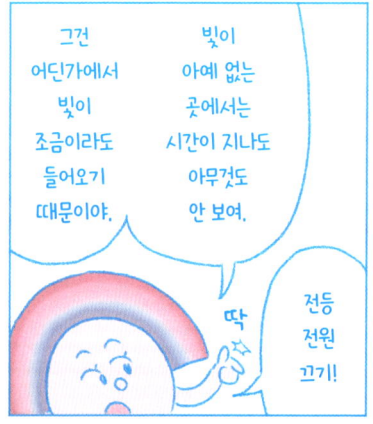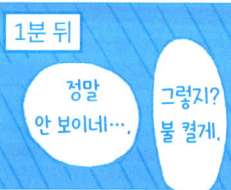

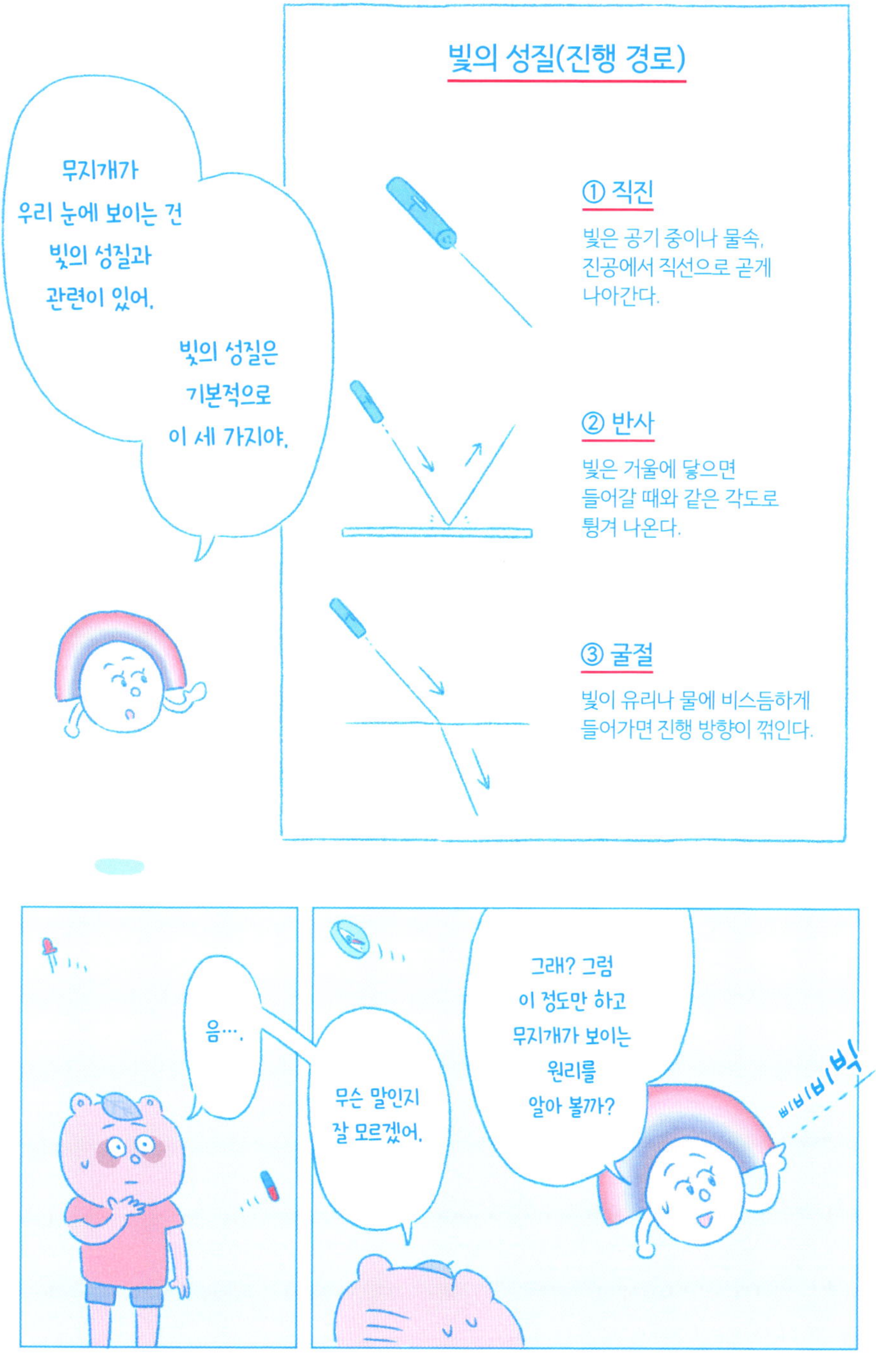

Q 무지개는 왜 생길까?

A 공기 중에 있는 물방울에 햇빛이 굴절되고 반사되기 때문이야.

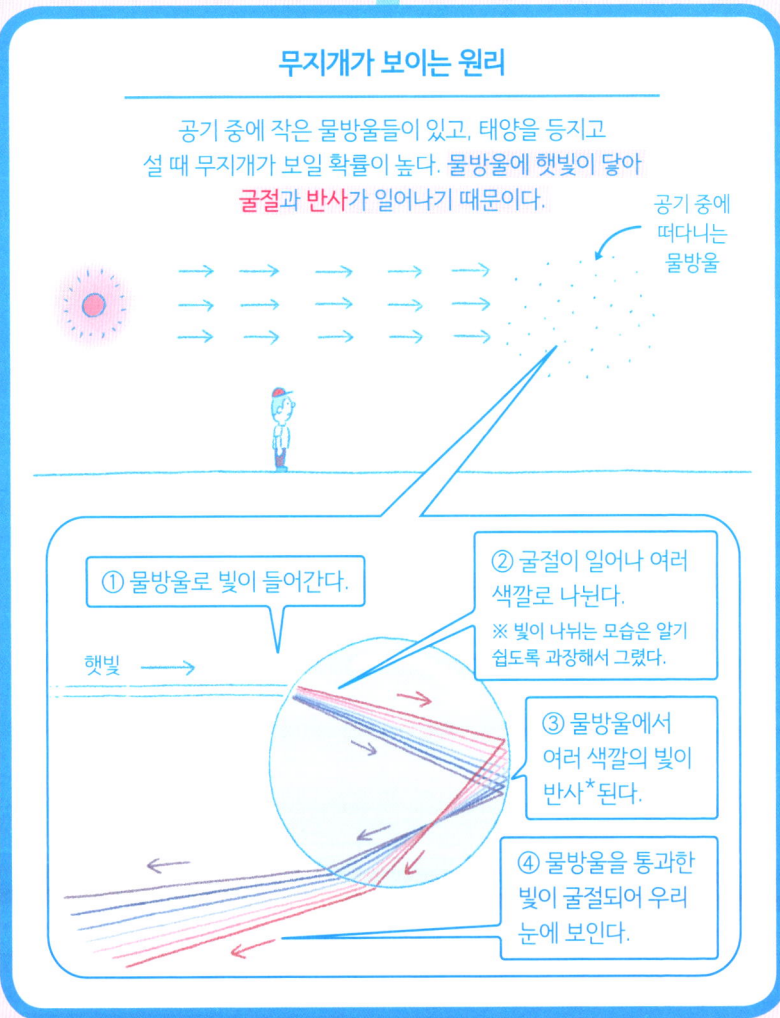

햇빛은 무색이지만 사실 여러 색깔의 빛이 합쳐져 있다. 무지개는 햇빛을 분해한 것이라고 말할 수 있다.

햇빛이 분산되는 이유

햇빛에 포함된 여러 색깔의 빛은 색마다 굴절되는 각도가 다르다. 그래서 햇빛이 물방울에 들어가면 여러 색으로 흩어진다.

빨간색에 가까울수록 작게 굴절됨.

햇빛

보라색에 가까울수록 크게 굴절됨.

그래서 무지개가 여러 색깔로 보이는 거야!

뉴턴의 업적

아이작 뉴턴*은 햇빛에 여러 색깔의 빛이 섞여 있다는 사실을 프리즘으로 증명했다.

벽에 뚫린 구멍에 프리즘을 대고 있다.

뉴턴은 정말 대단해!

아이작 뉴턴 (1642~1727년)

*만유인력의 법칙으로 유명한 영국의 과학자.

프리즘이란?

유리로 만든 투명한 다면체로 삼각기둥 모양이 많다. 프리즘에 햇빛을 통과시키면 무지개처럼 여러 색깔의 빛이 나온다.

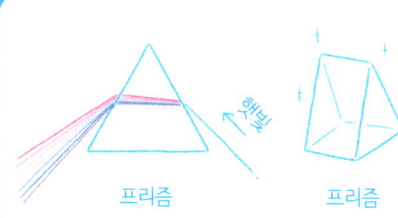

프리즘   프리즘

태양 고도와 무지개의 관계

태양이 높이 떠 있으면 무지개는 낮은 곳에 뜬다. 반대로, 태양이 낮게 떠 있으면 무지개는 높은 곳에 뜬다.

높다!   낮다!

태양 고도가 낮을 때   태양 고도가 높을 때

63

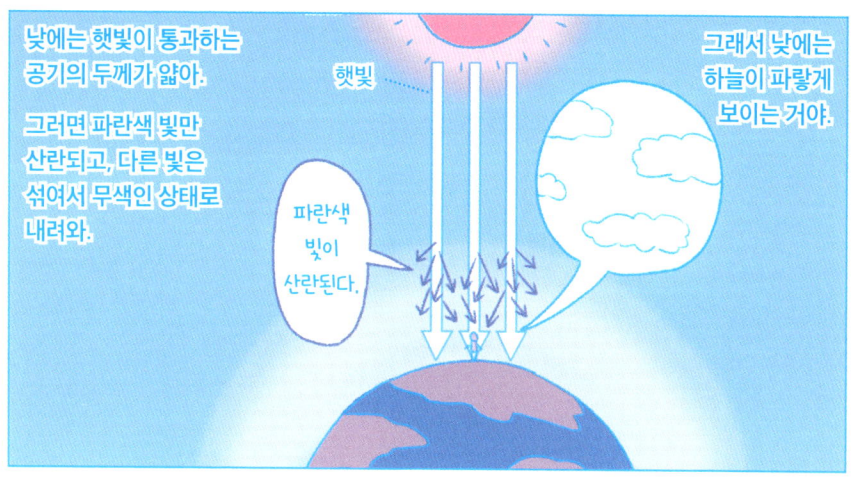

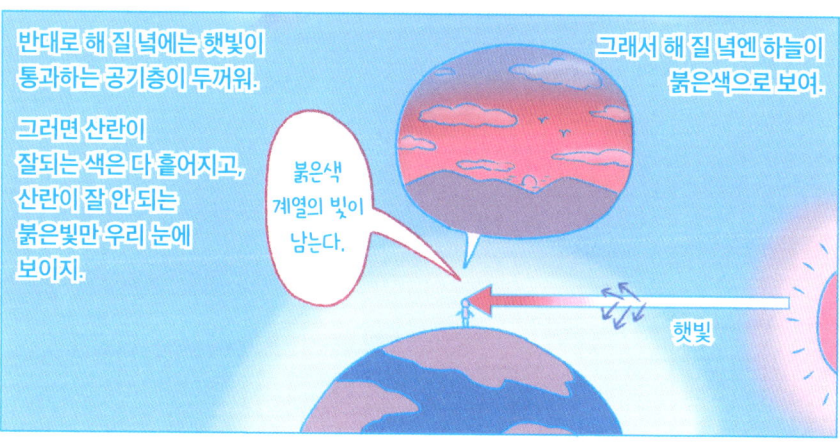

| 깨알지식 | **빛의 성질을 이용한 물건** | 우리 주변에는 빛의 반사와 굴절을 활용한 물건이 많다. |

도로 표지판
표면에 반사 시트를 붙여, 자동차에서 나온 빛이 반사된다. 밤에도 운전자 눈에 잘 띄도록 만들었다.

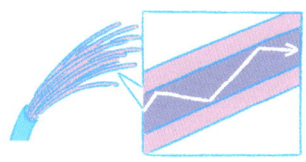

광섬유
광섬유의 중심 부분을 빛이 반사하면서 이동한다. 전기 신호나 이미지 등을 빛으로 변환해 전달하므로, 인터넷 회선이나 의료용 내시경 등에 쓰인다.

안경
빛을 굴절시키는 렌즈의 성질을 이용해 초점이 잘 맞지 않아 흐릿한 눈의 망막에 상이 또렷하게 맺히도록 한다.

카메라
물체와의 거리에 따라 여러 개의 렌즈로 빛의 굴절 정도를 조절하여 선명한 사진을 찍는 기술이 개발되고 있다.

텔레비전
텔레비전 화면에는 빨강과 초록, 파란색 광원이 쭉 이어져 있다. 이 세 가지를 '빛의 3원색'이라고 하며, 이 색들을 합쳐서 여러 색깔을 나타낸다. 세 가지 색을 다 합치면 흰색이 되고, 빨강과 초록을 합치면 노란색으로 보인다. 세 가지 색이 모두 없을 때는 검은색으로 보인다.

| 생물의 방 | # 상처에 난 딱지

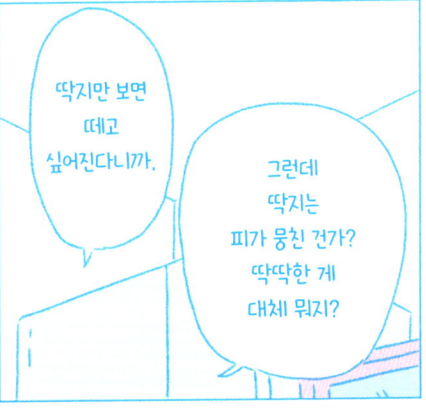

Q 딱지는 뭘까?

A 혈액 속의 성분이 상처가 난 자리를 막아서 말라붙은 거야.

혈액에는 어떤 성분이 있지?

혈액에는 크게 네 가지 성분이 있다.

혈장

연한 노란색 액체. 혈액 성분의 55%를 차지하며 영양소가 녹아 있다.

 10~20μm

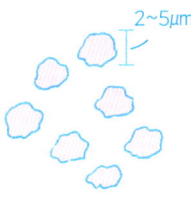 2~5μm

7~8μm*

적혈구

산소를 운반한다. 적혈구에 있는 헤모글로빈이라는 붉은 색소 성분 때문에 혈액이 붉게 보인다.

백혈구

세균 등의 이물질을 잡아먹는다. 구성 성분과 모양에 따라 몇 가지 종류로 나뉜다.

혈소판

피가 난 곳에 모여들어 상처가 난 자리를 막는다.

*1μm(마이크로미터)는 1mm의 1000분의 1

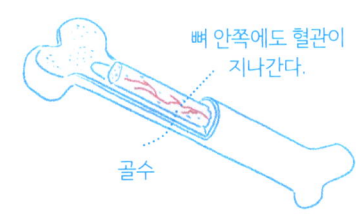

뼈 안쪽에도 혈관이 지나간다.

골수

혈장을 제외한 적혈구, 백혈구, 혈소판 등은 뼈 안쪽에 있는 골수에서 1초에 수백만 개씩 만들어진다.

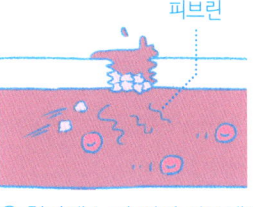

상처에 딱지가 생기는 원리

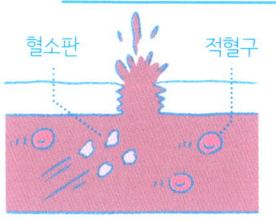

① 혈관에 상처가 생기면 그 자리에 혈소판이 모여든다.

② 혈장에 녹아 있던 성분에서 피브린이라는 실 모양 단백질이 만들어진다.

③ 피브린이 혈소판과 적혈구를 끌어들여 한 덩어리가 된다.

④ 공기에 노출된 표면이 말라붙어 딱지가 된다.

딱지가 가려운 이유는 딱지 밑에서 새 피부가 만들어지기 때문이다.

딱지는 떼어 내면 안 돼.

따끔 따끔

가려워….

상처에 습윤 드레싱을 하면 빨리 낫는다고 한다.

혈관 / 습윤 밴드

상처가 항상 축축한 상태

축축하니까 딱지가 안 져.

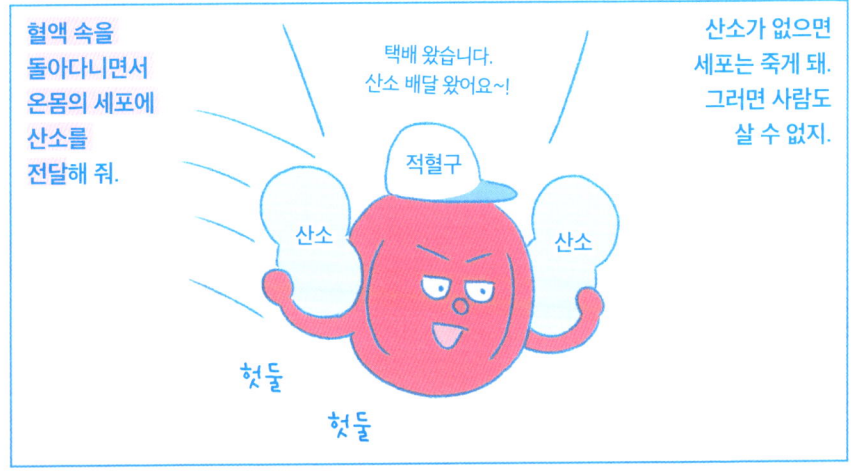

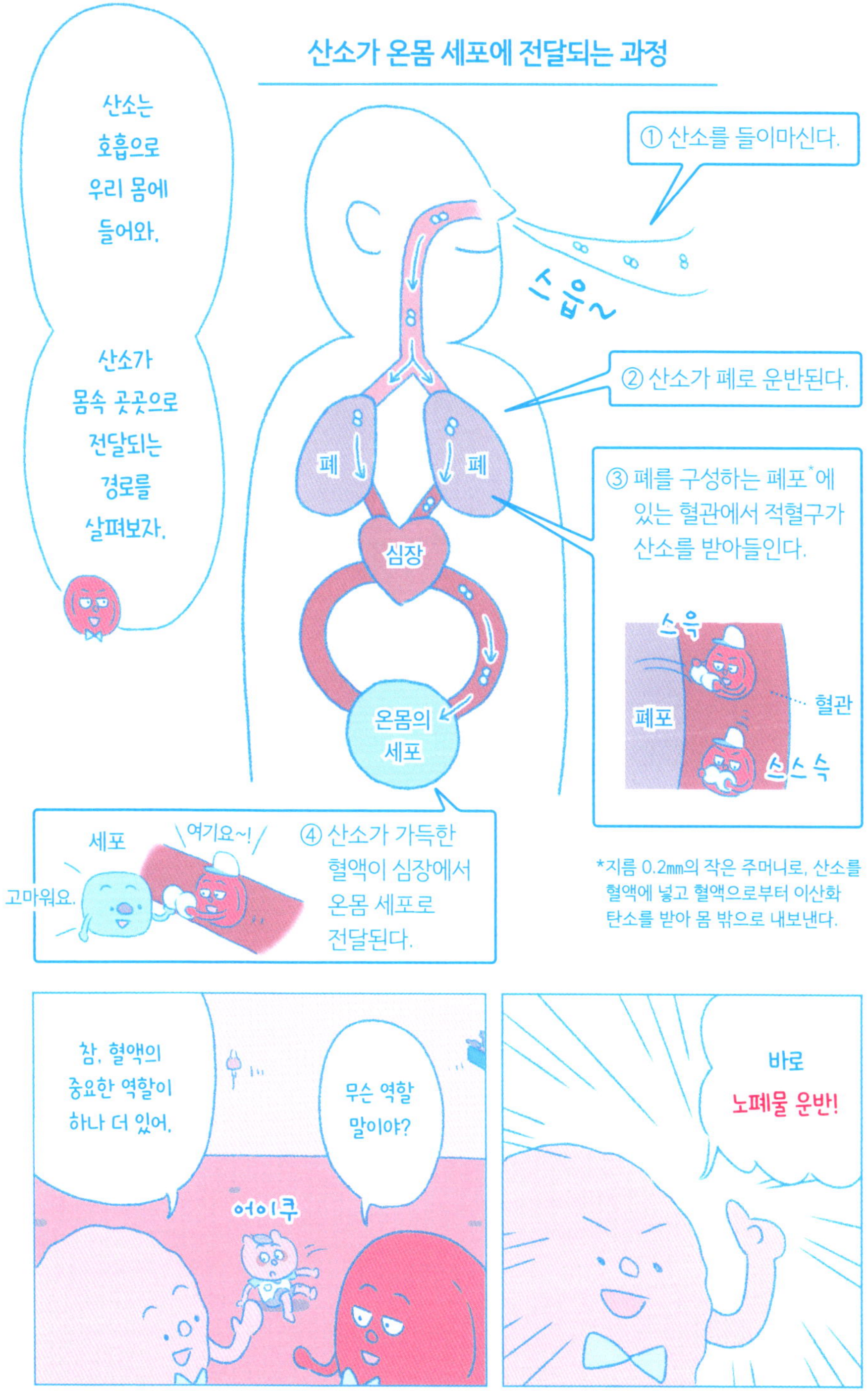

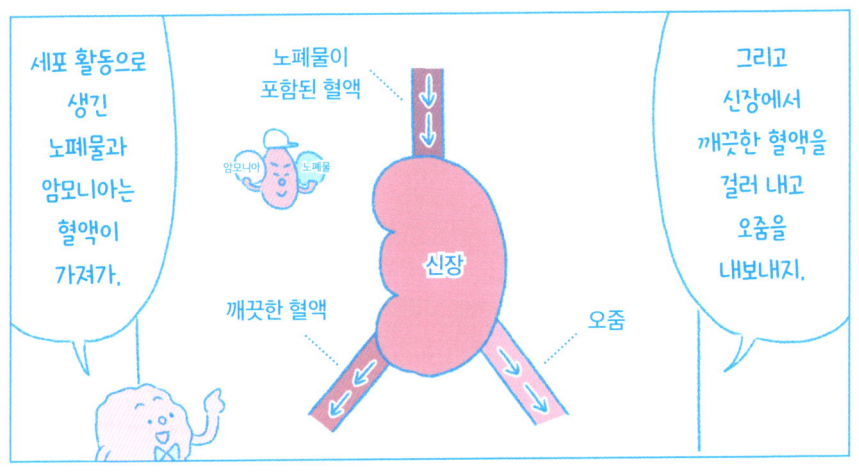

| 깨알지식 | **인체를 구성하는 부분** | 혈액은 우리 몸에서 순환계에 속하는데, 인체에는 그 외에도 여러 가지 부분이 있다. |

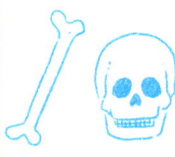

뼈
인체의 구조를 지탱하고 부드러운 뇌와 장기를 보호한다.

근육
수축과 이완을 통해 우리 몸과 내부 장기의 장벽을 움직이게 한다.

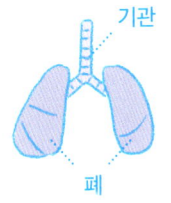

기관 / 폐 / 등등

호흡계
공기 중의 산소를 들이마시고 이산화 탄소를 몸 밖으로 내보낸다.

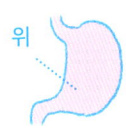

위 / 등등

소화계
영양소를 소화하거나 흡수한다.

눈 / 귀 / 등등

감각계
빛과 소리 등 외부의 자극을 받아들인다.

혈관 / 혈액 / 심장 / 등등

순환계
혈액을 온몸으로 순환시킨다.

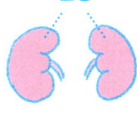

신장 / 방광 / 등등

배설계
노폐물 같은 체내의 불필요한 물질을 몸 밖으로 배출한다.

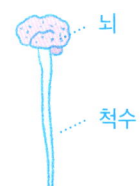

뇌 / 척수 / 등등

신경계
몸 안팎의 상황을 인식하여 적절한 반응을 일으킨다.

7월 27일 자전거 가게에 수리를 맡기러 감.

이 부품은 지금 없는데….

철커덕 철커덕

이런~

7월 28일 녹화해 둔 TV 프로그램 시청

하하하, 여러 번 봐도 너무 재밌다니까~

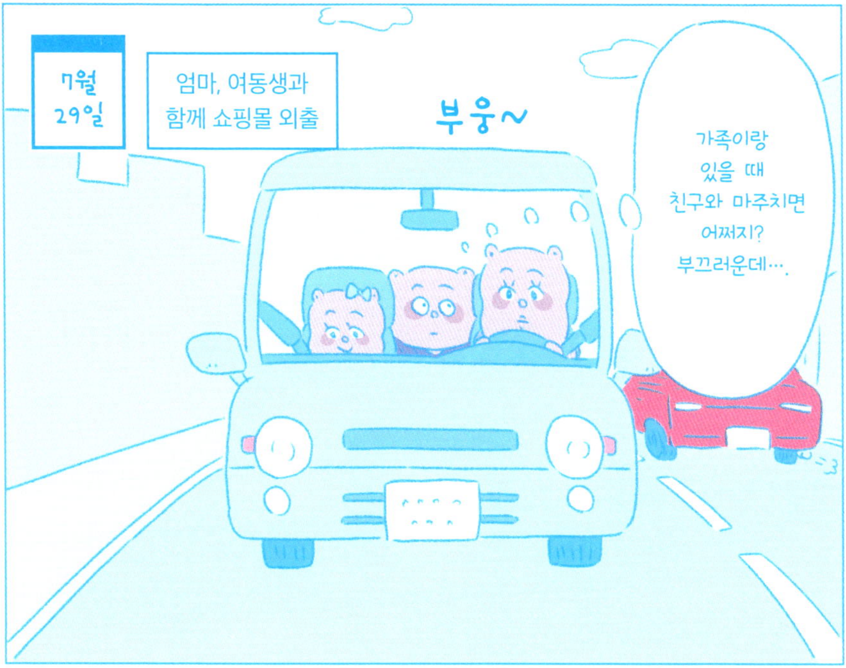

| 물리의 방 | **자전거 전조등**

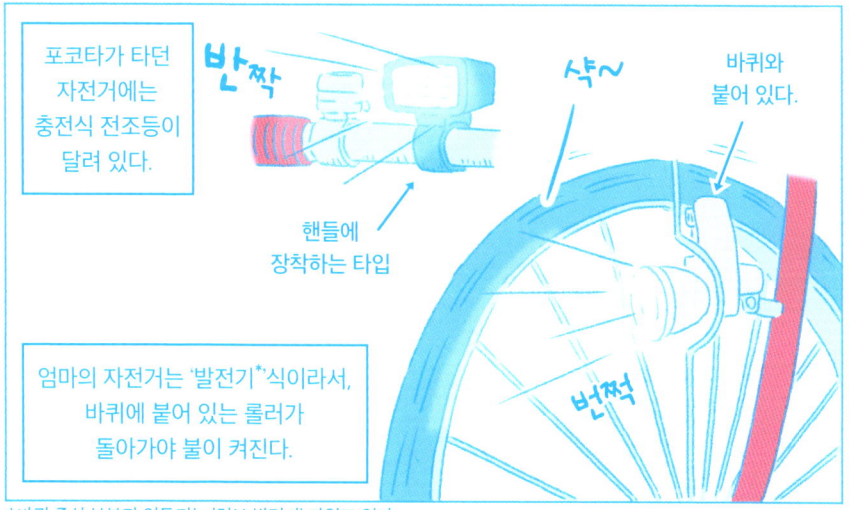

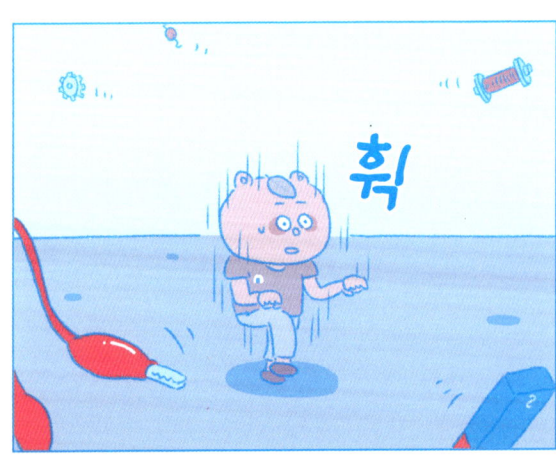

Q 자전거 페달을 밟으면 왜 전조등이 켜질까?

A **운동 에너지가 전기 에너지로, 전기 에너지가 다시 빛 에너지로** 변환되기 때문이야.

자전거 전조등의 불이 켜지는 원리

바퀴의 회전력이 전조등에 들어 있는 발전기의 축을 회전시켜 전기가 생기고, 이 전기로 불이 켜진다.

정면에서 본 그림

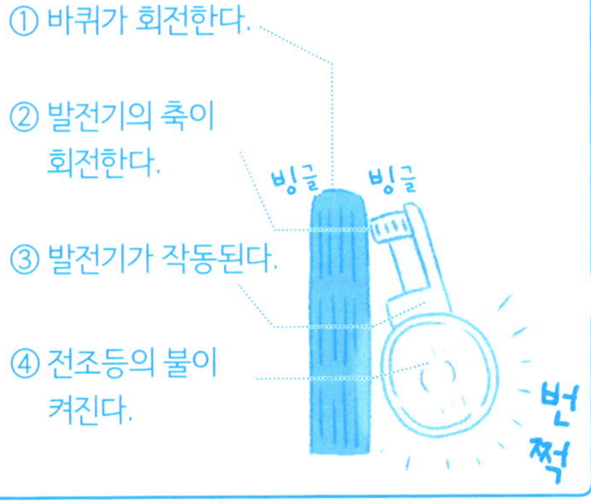

① 바퀴가 회전한다.

② 발전기의 축이 회전한다.

③ 발전기가 작동된다.

④ 전조등의 불이 켜진다.

빙글 빙글

번쩍

이 과정에서 에너지 변환이 일어난다.

에너지란 물체가 **일을 할 수 있는 능력**을 말하며, 눈에 보이지 않는다.

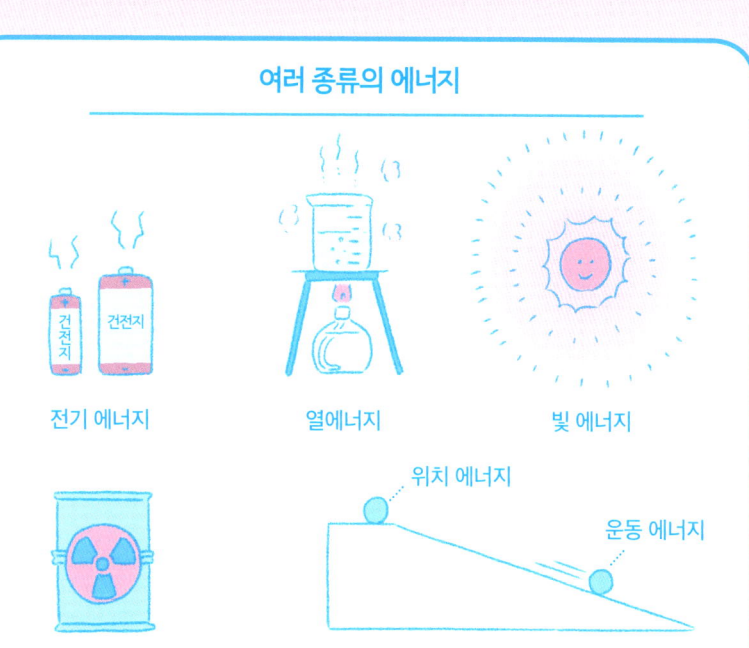

여러 종류의 에너지

전기 에너지

열에너지

빛 에너지

핵에너지

위치 에너지
운동 에너지

위치 에너지와 운동 에너지를 합쳐서 역학적 에너지라고도 한다.

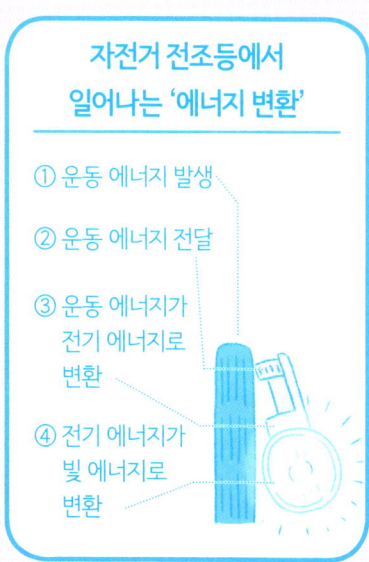

자전거 전조등에서 일어나는 '에너지 변환'

① 운동 에너지 발생

② 운동 에너지 전달

③ 운동 에너지가 전기 에너지로 변환

④ 전기 에너지가 빛 에너지로 변환

에너지 변환의 예

태양광 발전
빛 에너지를 전기 에너지로 변환

전철
전기 에너지를 운동 에너지로 변환

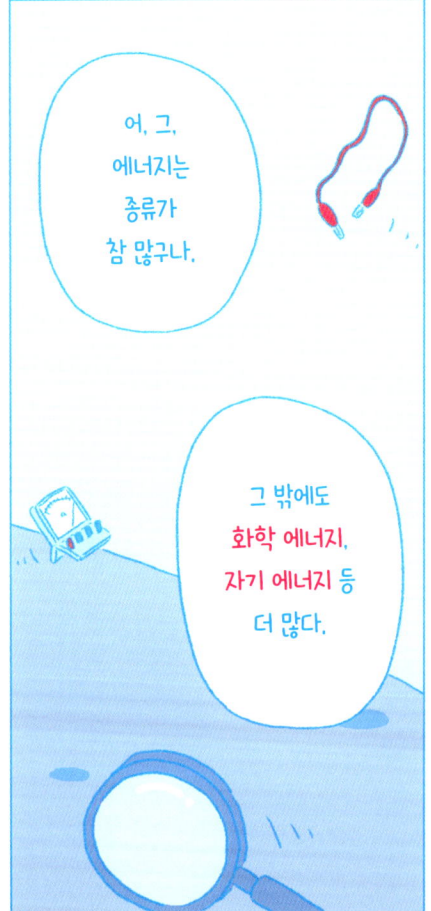

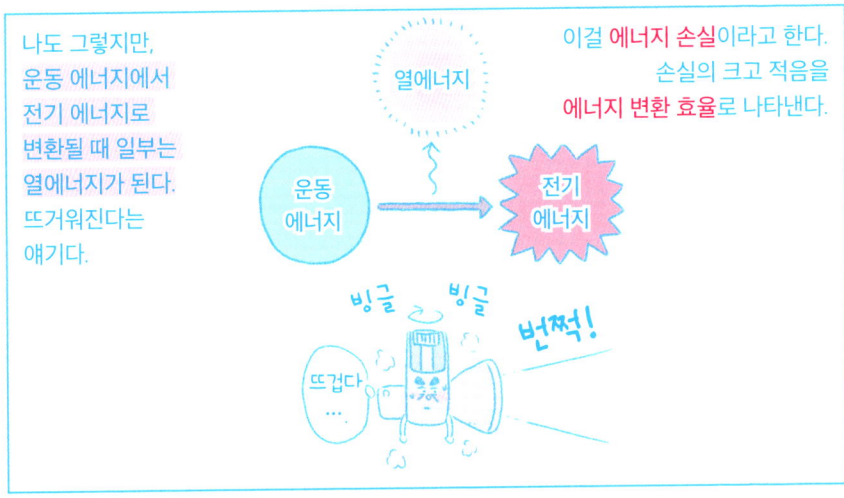

7월
31일
운동하기로 마음먹고
조금 달렸는데
금방 지쳐서 포기함.
가만히 있어도
너무 덥다고….

8월
1일
온종일 집에서
빈둥빈둥 지냄.
재밌겠다~.
뭐 사 먹을까.
개그 삼총사(3명)
미사
모레 오후 5시에
공원에서 볼래?
다케
좋아~. 만나자!
오케이~

| 물리의 방 | **불 꽃 놀 이**

> **Q** 불꽃 터지는 소리는 왜 늦게 들릴까?
>
> **A** 소리는 빛보다 100만 배 느리기 때문이야.

빛과 소리는 비슷하지만 달라요.

소리와 빛의 차이는 뭘까?

소리: 음원의 진동이 공기를 통해 전달된 것. 속도는 약 340m/s

공기를 진동시킴

소리와 빛을 모두 내는 불꽃을 보면 속도 차이를 잘 느낄 수 있다!

빛: 공기가 없는 진공 상태에서도 전달되는 것. 속도는 약 30만 km/s

빛은 세상에서 가장 빨라요.

우주에서도 빛은 전달됨

불꽃 소리가 나중에 들리는 원리

하늘에서 불꽃이 터지면, 빛은 몇 km나 떨어진 곳까지 순식간에 도달한다. 반면, 소리는 공기를 진동시켜 전달되기 때문에 더 늦게 우리 귀에 들린다.

예) 3km 떨어져 있을 때

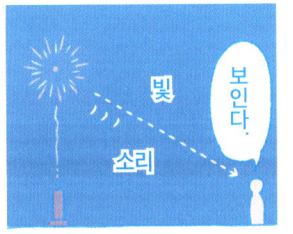
① 빛은 0.00001초 뒤에 도달한다.

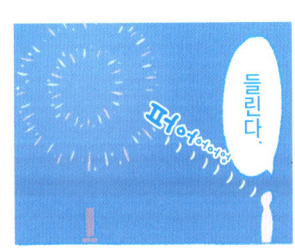
② 소리는 약 9초 뒤에 도착한다.

음속(소리의 속도)은 변화한다

음속은 진동을 전달하는 물질에 따라 달라지는데, 고체 〉 액체 〉 기체 순으로 빨라진다.

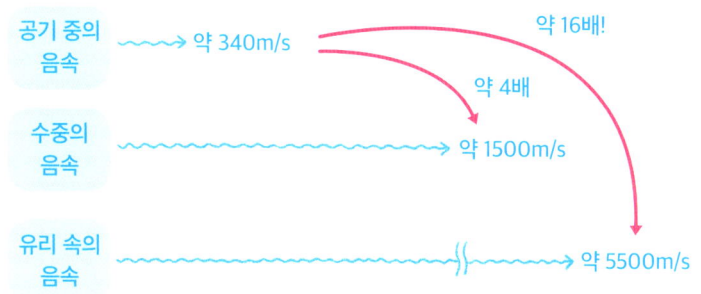

공기 중의 음속 → 약 340m/s
약 16배!
약 4배
수중의 음속 → 약 1500m/s
유리 속의 음속 → 약 5500m/s

음속과 마하

항공기 등의 빠르기를 나타낼 때 사용되는 '마하'는 공기 중의 음속을 기준으로 한다. 마하 1은 340m/s, 마하 2는 680m/s이다.

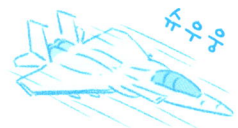

공군의 F-15 전투기는 마하 2.5! 약 850m/s(약 3000km/h)

진공 상자
진공에서는 소리가 전달되지 않는다.
조용
벨

불꽃이 터진 뒤에 소리가 들리기까지의 시간을 계산하면 된다.

소리가 3초 뒤에 들렸으니까 약 1km*구나.

벼락이 칠 때도 응용할 수 있어.

거꾸로 불꽃놀이 장소까지의 거리도 계산할 수 있다.

*340m/s × 3초 = 1020m → 약 1km

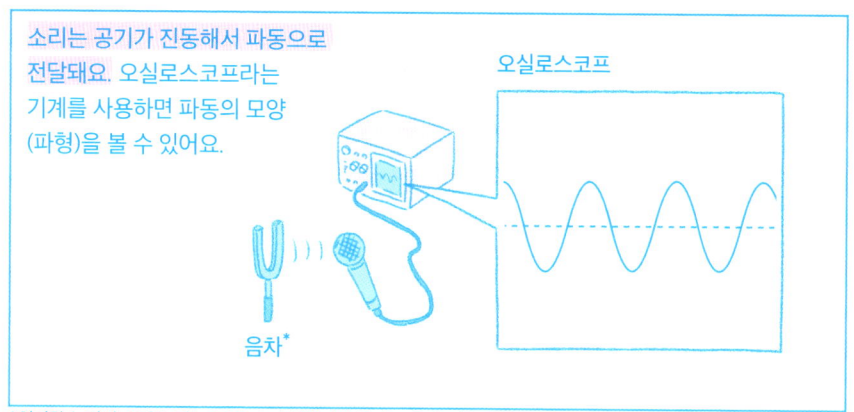

*일정한 높이의 소리를 내는 도구. 소리 실험이나 악기 조율에 사용된다.

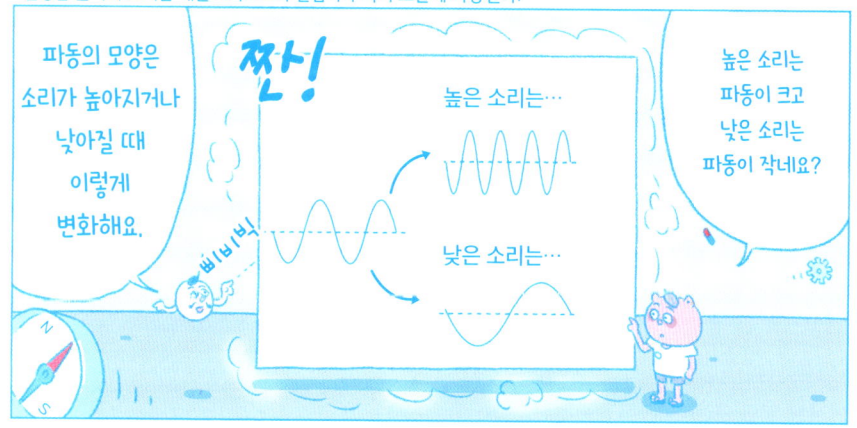

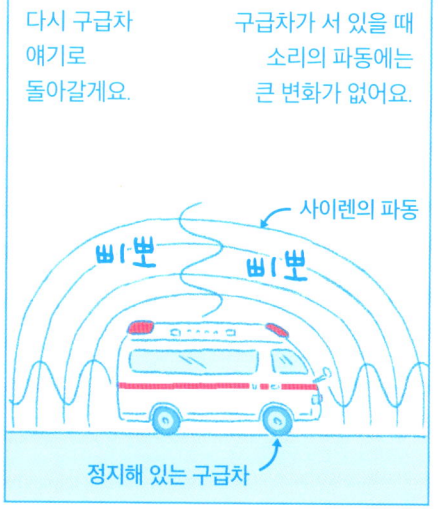

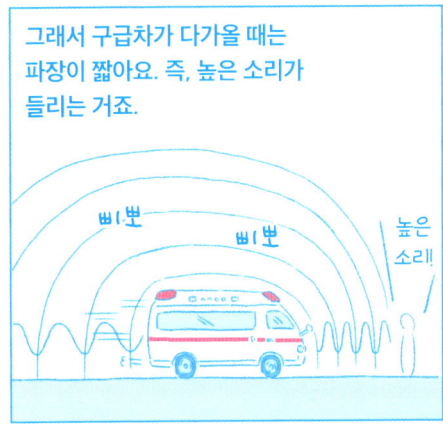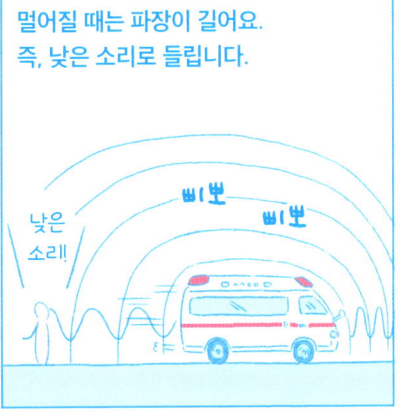

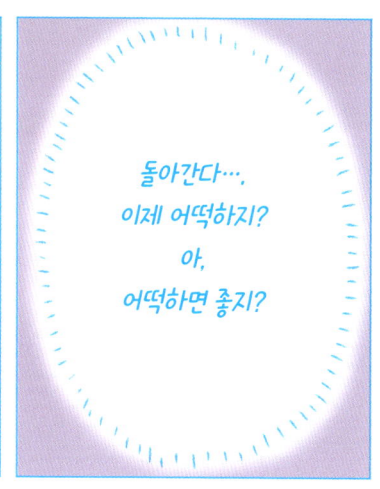

| 깨알지식 | **소리(초음파)를 이용한 물건** | 소리 중에서 '인간이 느낄 수 없을 정도로 높은 소리*'는 초음파라고 하며, 많은 물건에 이용되고 있다. |

*정확하게는 진동수가 2만 헤르츠 이상인 소리를 초음파라고 한다.

안경 세척기
물에 초음파를 발생시켜 만들어진 거품이 안경에 부딪히면서 오염물을 씻어 준다.

자동차의 안전 센서
센서에서 나온 초음파가 반사되는 것을 수신해 장애물과의 거리를 재어 안전 운전을 돕는다.

어군 탐지기
바닷속에 초음파를 쏜 뒤 반사된 값을 읽어서 물고기 떼나 해저 위치를 알아낸다.

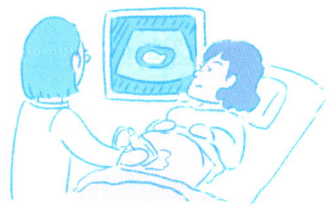

초음파 진단
몸속에 초음파를 보내면 그 소리가 장기나 뼈, 근육에 닿아 되돌아 나오는데, 이 파동을 눈으로 보기 편리한 영상으로 바꾼다.

컵라면 용기의 뚜껑 접착제
초음파 진동으로 발생하는 열을 이용해 용기를 녹여서 뚜껑을 붙인다.

돌고래나 박쥐는 초음파를 사용해서 먹이를 잡아요.

| 지구 과학의 방 | **달**

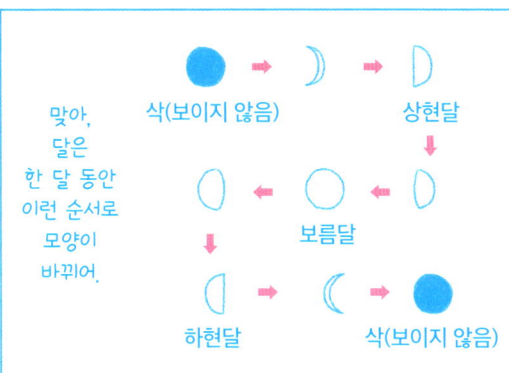

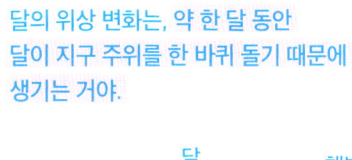
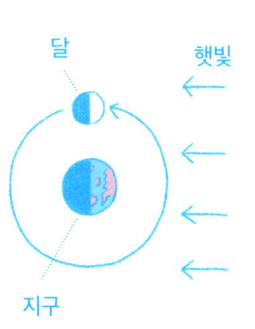

Q 달은 왜 낮에도 보일까?

A 달과 지구, 태양의 위치 관계가 달라져서 달이 뜨는 시간이 조금씩 변하기 때문이야.

달과 지구의 기본 정보

달은 햇빛을 반사하기 때문에 빛나는 것처럼 보인다. 달은 약 한 달 동안 지구 주위를 한 바퀴 회전(공전)하고, 지구는 하루에 한 번 회전(자전)한다.

달은 약 한 달 동안 지구 둘레를 한 바퀴 돈다.

지구는 제자리에서 매일 한 번 회전한다.

달과 지구의 위치 관계와 달의 모양(위상 변화)

달과 지구를 내려다봤을 때, 달은 시계 반대쪽으로 움직인다.
삭이었던 날을 1일째라고 하면 14일째에 반대쪽으로 가서 보름달이 된다.

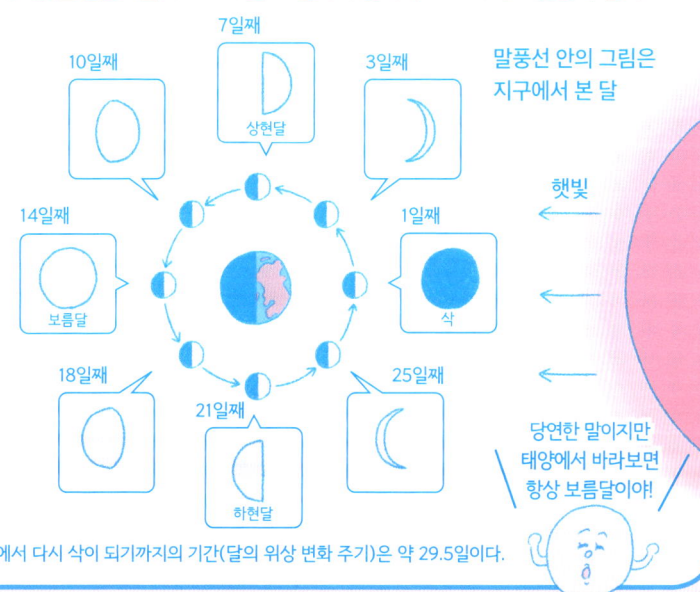

말풍선 안의 그림은 지구에서 본 달

7일째 상현달
10일째
3일째
14일째 보름달
1일째 삭
햇빛
18일째
21일째 하현달
25일째

당연한 말이지만 태양에서 바라보면 항상 보름달이야!

※ 삭에서 다시 삭이 되기까지의 기간(달의 위상 변화 주기)은 약 29.5일이다.

달의 위치와 월출 시각과의 관계

달이 지구에 있는 사람(관측자)으로부터 시계 반대 방향으로 90도인 지점에 올 때가 월출 시각이다.

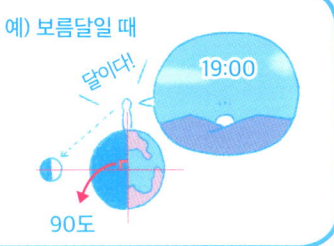
예) 보름달일 때

월출 시각의 변화
(포코타가 사는 동네)

하현달 월출 시각 0:30

위치 관계

삭 월출 시각 5:00

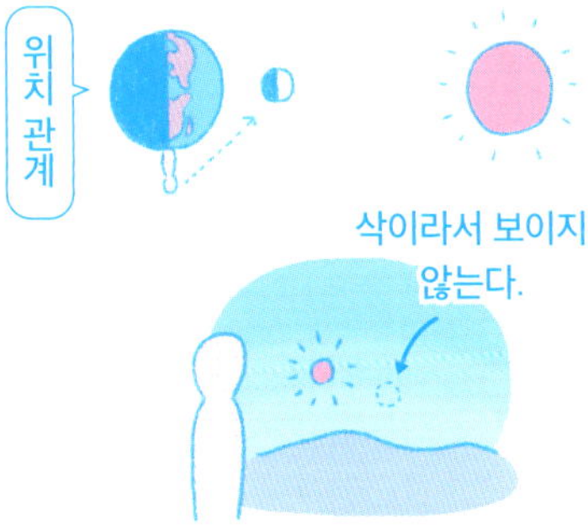

위치 관계

삭이라서 보이지 않는다.

상현달 월출 시각 11:00

위치 관계

보인다!

상현달 16:00경

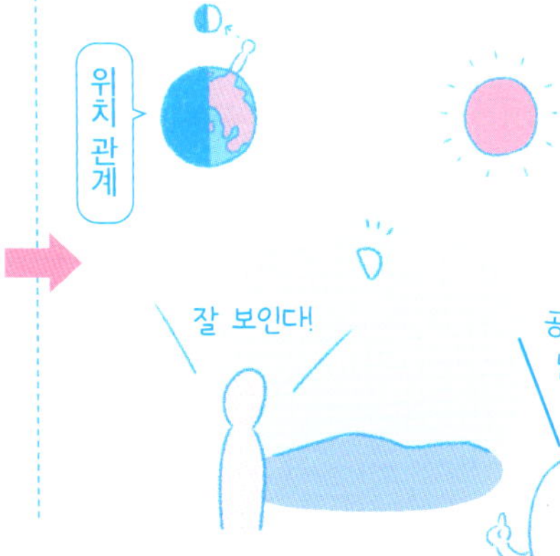

위치 관계

잘 보인다!

공기가 좋고 맑은 날에만 낮에도 달이 보여.

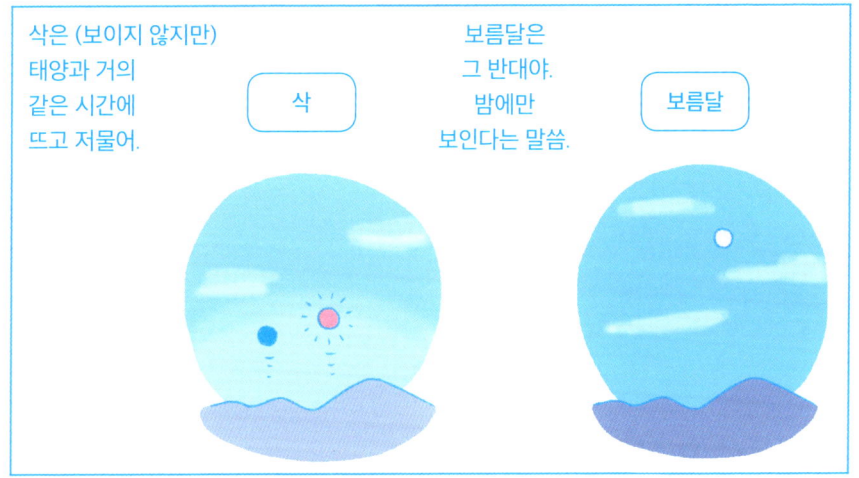

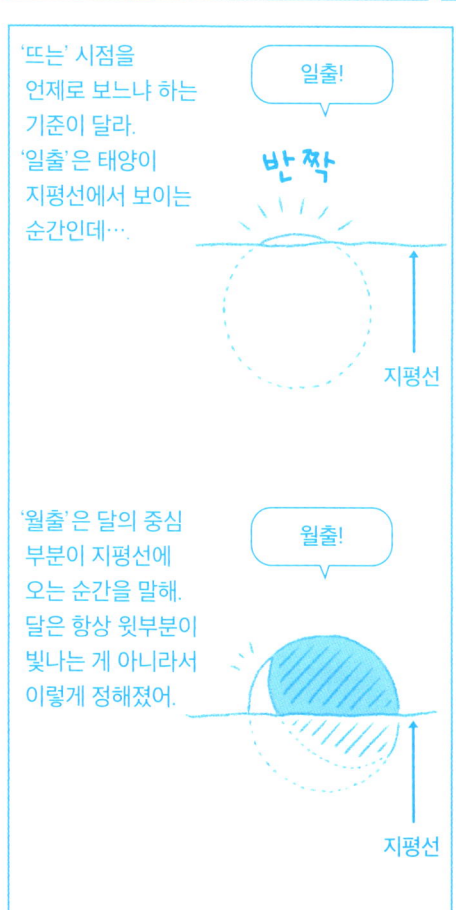

| 깨알지식 | **달에 관한 상식** | 달은 지구 둘레를 도는 유일한 자연 위성이다. |

기본 정보

지름: 약 3500km (지구의 약 4분의 1)

부피: 약 220억 km³ (지구의 약 50분의 1)

질량: 7.4×10^{22}*kg (지구의 약 80분의 1)

*10의 22승이라고 읽으며, 10을 22번 곱한다는 뜻이다.

지구와의 거리

평균 약 38만 km

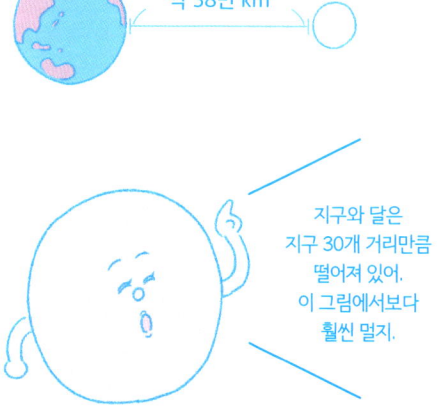

지구와 달은 지구 30개 거리만큼 떨어져 있어. 이 그림에서보다 훨씬 멀지.

공전 방식

달은 지구 주위를 한 번 공전하는 동안 한 번 자전한다. 그래서 지구에서는 항상 같은 면이 보인다.

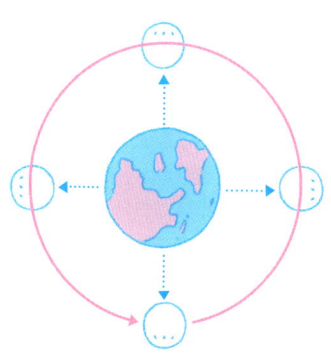

2장 과학의 방 캐릭터

자가발전식 전조등
무뚝뚝해서 화난 것처럼
보이지만 그냥 긴장했을 뿐이다.

무지개
무지개의 요정.
반짝거리는 것을 좋아한다.

혈액 브라더스
왼쪽이 혈소판, 오른쪽이 적혈구.
개그 콤비처럼 호흡이 잘 맞는다.

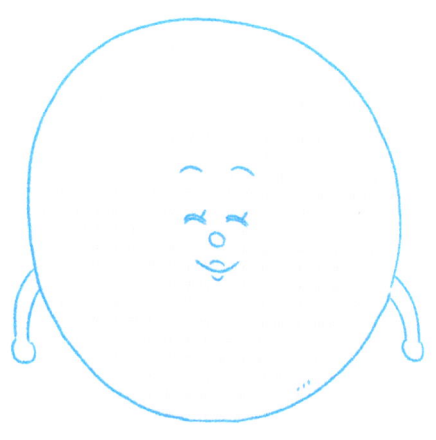

달
항상 방긋방긋 웃는다.
뒷모습을 절대 보여 주지 않는다.

음표
소리의 신과 같은 존재.
양손 집게손가락을 들고
말하는 버릇이 있다.

3장
수영장으로, 바다로! 신나는 물놀이

8월 5일

수영장에서 신나게 수영하기.

다른 운동은 싫은데 수영은 재밌다니까~.

첨벙
첨벙
참방
참방

8월 6일

그림 그리기 숙제 성공.

오~, 이번엔 좀 잘 그린 것 같은데.

굿즈를 잔뜩 산 포코타.

| 화학의 방 | # 이온 음료

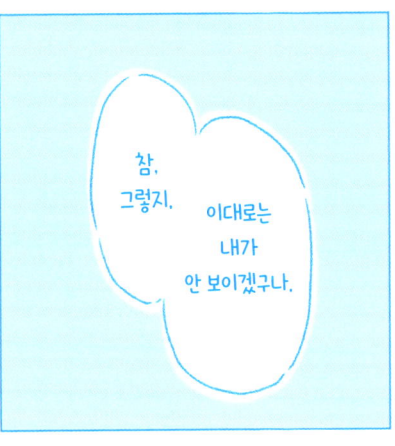

Q 원자가 뭐지?

A 물질을 구성하는 가장 작은 알갱이. 눈에 보이지 않을 만큼 작고, 종류가 다양해.

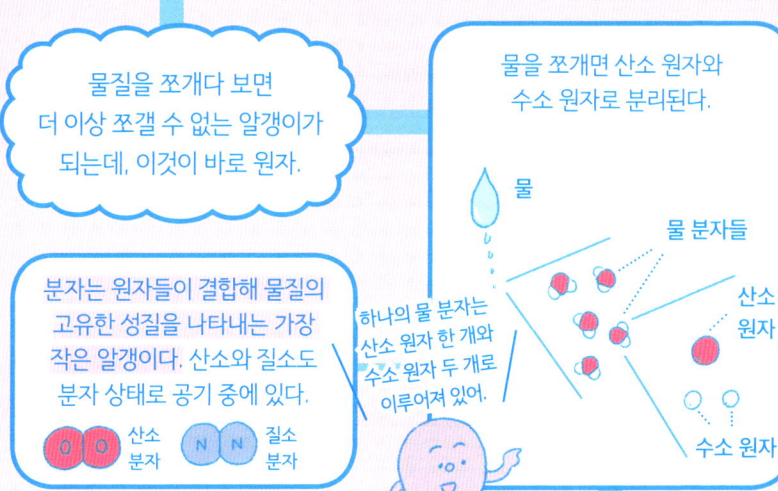

물질을 쪼개다 보면 더 이상 쪼갤 수 없는 알갱이가 되는데, 이것이 바로 원자.

분자는 원자들이 결합해 물질의 고유한 성질을 나타내는 가장 작은 알갱이다. 산소와 질소도 분자 상태로 공기 중에 있다.

산소 분자 / 질소 분자

물을 쪼개면 산소 원자와 수소 원자로 분리된다.

물 / 물 분자들 / 산소 원자 / 수소 원자

하나의 물 분자는 산소 원자 한 개와 수소 원자 두 개로 이루어져 있어.

우리 주변의 물건과 그 원자

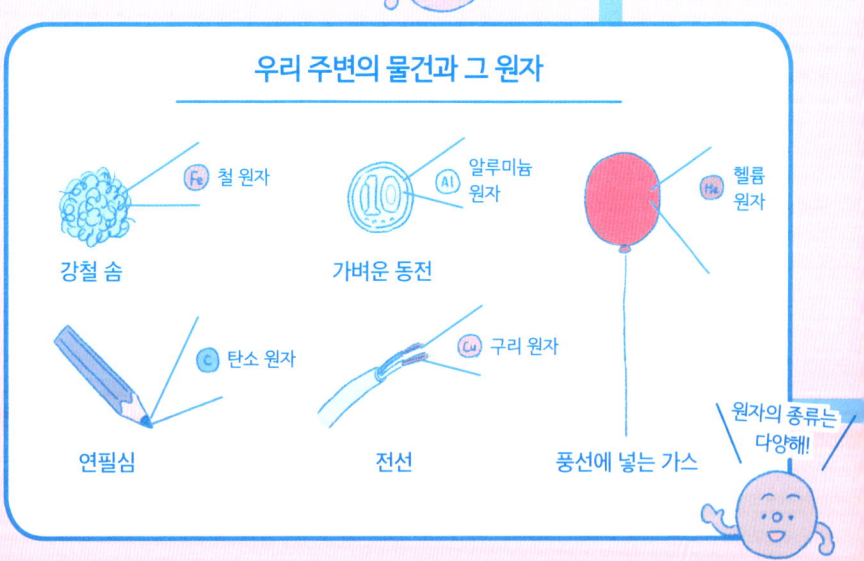

- 강철 솜 — Fe 철 원자
- 가벼운 동전 — Al 알루미늄 원자
- 풍선에 넣는 가스 — He 헬륨 원자
- 연필심 — C 탄소 원자
- 전선 — Cu 구리 원자

원자의 종류는 다양해!

원자의 크기는 어느 정도일까?

가장 작은 수소 원자의 지름은 약 0.0000001mm다.

물론 눈에 보이지 않아.

원자를 구성하는 물질

원자의 크기는 종류에 따라 다르다. 원자를 구성하는 물질의 수가 종류에 따라 다르기 때문이다. 원자는 보통 **양성자**, **중성자**, **전자**로 구성된다(단, 수소는 예외다).

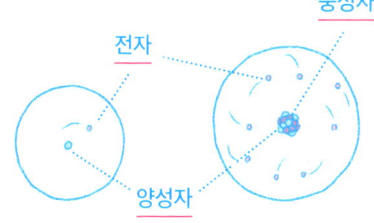

수소 원자
양성자: 1개
전자: 1개

산소 원자
양성자: 8개
중성자: 8개
전자: 8개

철 원자
양성자: 26개
중성자: 30개
전자: 26개

주기율표

현재 밝혀진 원자는 모두 118종류다. 이런 원자들을 성질에 따라 배열한 표를 '주기율표'라고 한다.

Q 이온이란 뭘까?

A 원자가 전기를 띤 것이야.

어떻게 원자가 전기를 띠게 될까?

원자 안의 '전자' 수가 바뀌기 때문!

원자가 원래 전기를 띠지 않는 이유

원자 안의 '양성자'와 '전자'는 플러스와 마이너스, 즉 정반대의 전기적 에너지를 갖고 있다. 그 수가 같아서 0이 되므로 전기는 사라진다.

예) 나트륨 원자

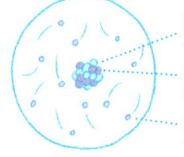

- 양성자: 11개
- 중성자: 12개
- 전자: 11개

보통 때는 양성자와 전자의 개수가 같으므로 전기를 띠지 않는다.(중성자는 전기를 띠지 않음)

나트륨 원자

그런데 원자가 전자를 잃으면 균형이 깨져 전기적 에너지를 갖게 된다. 이런 상태가 된 것을 '이온'이라고 한다.

엇. 전자가.

나트륨 이온

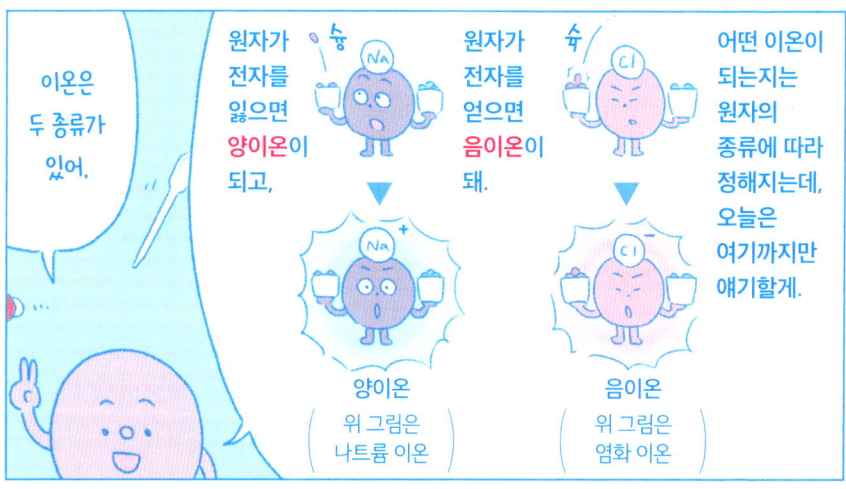

※ 이온 음료에는 당분도 많으니 적당량을 먹어야 한다. 보통 땀 흘린 뒤에 마시는 것이 좋다.

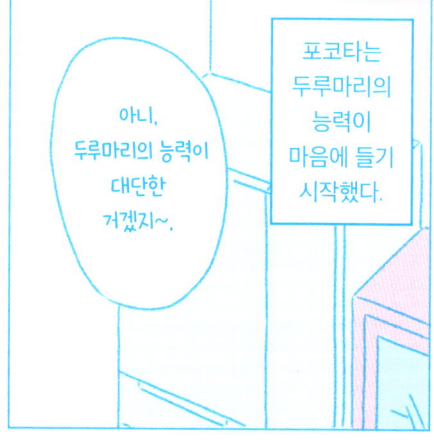

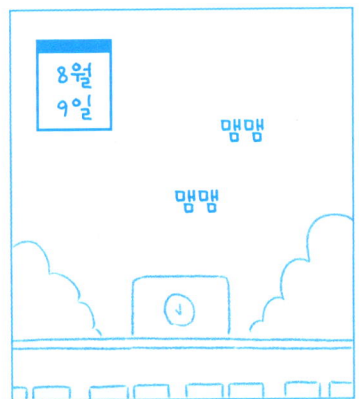

Q 컬러 딱풀의 색이 사라지는 이유는?

A pH에 따라 색이 변하는 색소가 들어 있기 때문이야.

pH가 뭐지?

pH란 수용액*의 성질을 나타내는 수치로, 산성과 알칼리성의 정도를 말한다.

*물질이 물에 녹아 있는 액체.

수소 이온의 양과 pH와의 관계

pH는 0부터 14까지의 수로 나타내며, 산성이 강할수록 0에 가깝고, 알칼리성이 강할수록 수치가 높다. 이 차이는 수소 이온이 포함된 양에 따라 달라진다.**

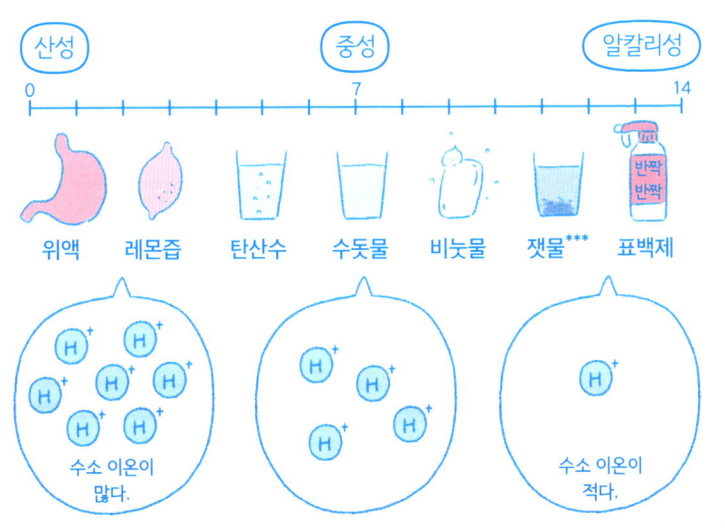

산성 0 — 중성 7 — 알칼리성 14

위액 / 레몬즙 / 탄산수 / 수돗물 / 비눗물 / 잿물*** / 표백제

수소 이온이 많다. / 수소 이온이 적다.

** 정확하게는 수소 이온(H+)과 수산화물 이온(OH-)의 균형에 따라 달라진다.
*** 나무와 풀을 태워 생긴 재를 물에 담근 것.

pH의 차이로 색깔이 변하는 색소가 있다!

컬러 딱풀에 들어 있는 색소는 pH가 낮아지면 색이 사라지는 성질을 가진다.

리트머스지에는 pH가 낮으면 붉은색, pH가 높으면 푸른색이 되는 성질의 색소가 들어 있다.

예) 푸른색 리트머스지에 pH가 낮은(산성) 레몬즙을 떨어뜨리면

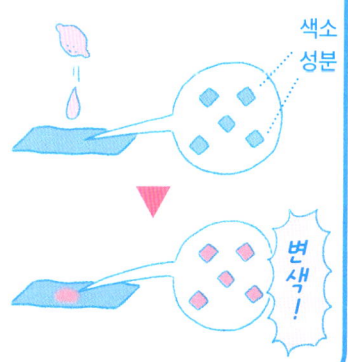

풀의 색깔이 사라지는 원리

① 종이에 바른 풀이 공기 중의 이산화 탄소와 종이의 산성 성분을 흡수하기 시작한다.

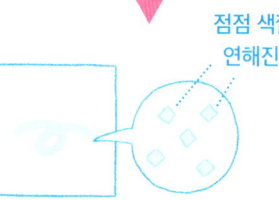

② 풀의 pH가 점점 낮아져 색깔이 연해진다.

③ 시간이 지나면 투명해진다!

BTB 용액 같은 게!

pH로 색이 변하는 성질을 이용해서 실험에 사용하는 시약을 '산 염기 지시약'이라고 한다.

화장품은 pH가 너무 높거나, 너무 낮으면 피부가 손상된다. 그래서 중성에 가까운 적당한 pH로 조절해 만든다. 또 여러 분야에서 pH를 활용하고 있다.

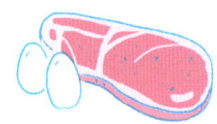

육류나 달걀
pH를 측정해 신선도를 검사한다.

화장품
피부에 자극을 주지 않도록 만들 때 pH를 조절한다.

유리 · 시멘트 · 플라스틱

화학 제품
제조 공정에서 화학 반응이 잘 일어나도록 적절한 pH로 조절한다.

와~, pH가 아주 중요하네.

넌 설명도 잘하고 똑똑하구나.

옛?!

제가 뭐라고 그런 과찬을 하세용!

솔직히 첫인상은 별로였지만, 이해하기 쉽게 잘 알려 줘서 생각이 바뀌었어.

아이, 얼른 나뭇잎 누를게용!

딸깍

헤헷, 고마워.

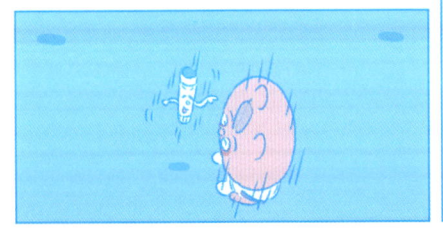

딱풀은 포코타의 칭찬에 부끄러우면서도 기분이 좋았다.

헤헤헤

| 깨알지식 | # pH 활용해 귤 통조림 만들기 | 귤껍질을 산성과 알칼리성 용액으로 녹일 수 있다. |

 귤 통조림의 제조 공정

① 껍질 벗기기, 알맹이 분리
기계로 껍질을 벗긴 뒤 수압과 진동으로 알맹이를 한 알씩 분리한다.

속껍질 있음!

② 속껍질 제거 (1)
식품용 염산에 넣어 속껍질이 잘 녹도록 부드럽게 만든다.

Point! 산성 (pH가 낮다)

Point! 알칼리성 (pH가 높다)

③ 속껍질 제거 (2)
식품용 수산화 나트륨 수용액에 넣어 속껍질을 완전히 녹인다.

속껍질이 부들부들

④ 속껍질 제거 (3)
약 30분 동안 물에 담가서 남은 약품을 씻어 낸다.

속껍질 완전 제거!

염산과 수산화 나트륨이 남아 있는지 철저히 검사하니 안심하세용!

⑤ 담기, 시럽 주입
알맹이만 남은 귤과 시럽을 통조림에 담는다.

⑥ 밀폐, 살균
진공 상태로 만들어 뚜껑을 덮은 뒤 가열 살균한다.

⑦ 검사, 완성
귤 통조림 완성!

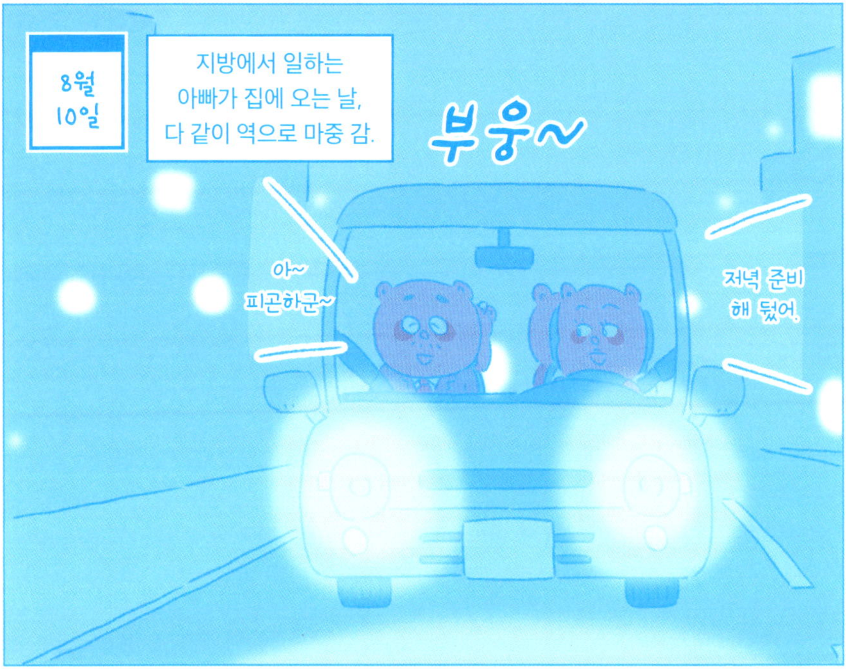

8월 10일

지방에서 일하는 아빠가 집에 오는 날, 다 같이 역으로 마중 감.

부웅~

아~ 피곤하군~

저녁 준비 해 뒀어.

8월 11일

아빠가 거실에 있으니 괜히 불편해서 방에만 있었음.

아빠가 집에 오신 첫날엔 괜히 조금 어색해~.

8월

| 물리의 방 | # 드라이아이스

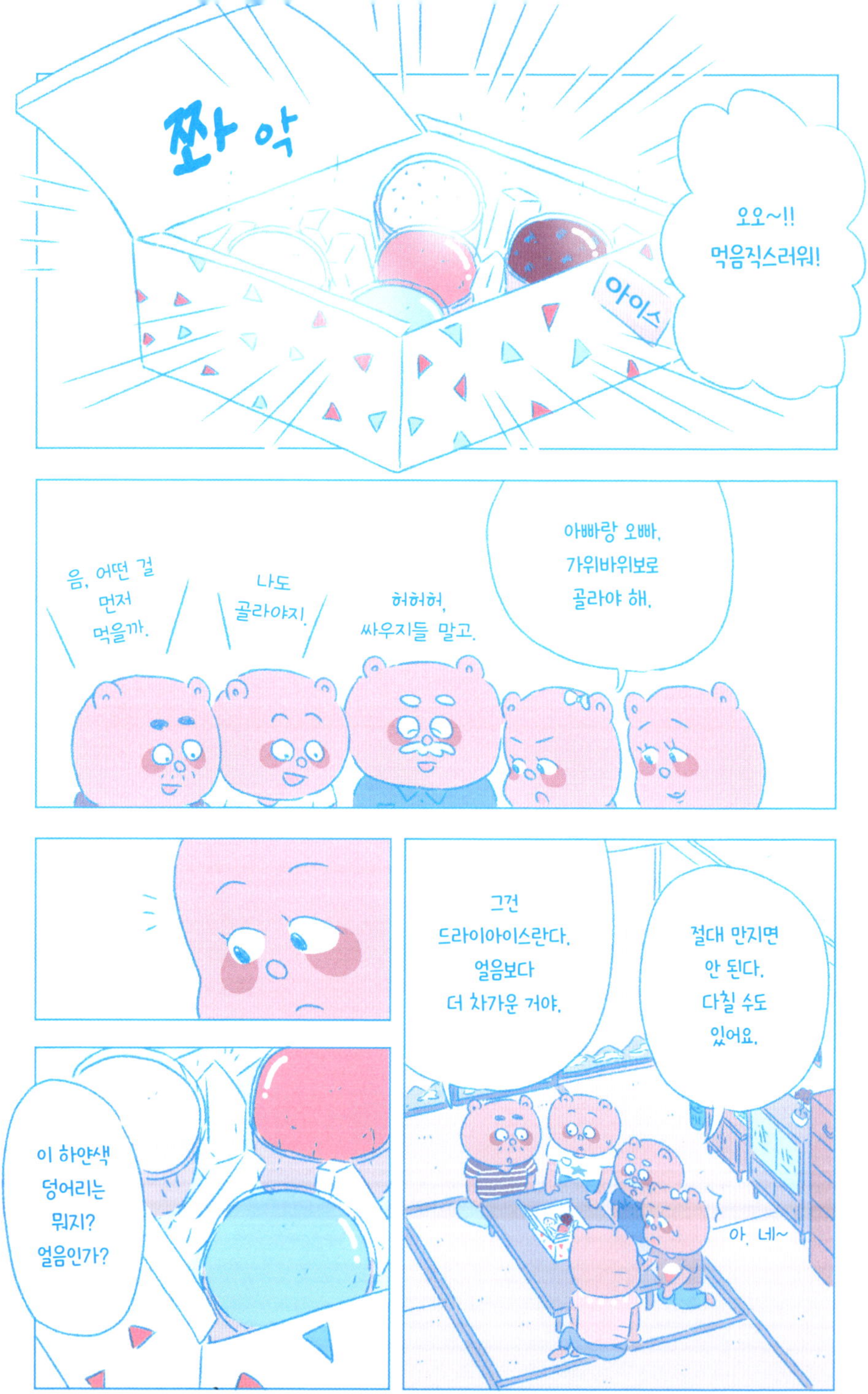

Q 얼음과 드라이아이스는 뭐가 다르지?

A 얼음은 물이 고체가 된 것이고, 드라이아이스는 이산화 탄소가 고체로 된 거야.

얼음과 드라이아이스의 차이점

물질의 상태는 고체, 액체, 기체 세 가지다. 얼음은 녹으면 액체(물)가 되고, 물을 끓이면 기체(수증기)가 된다. 다만, 이산화 탄소의 고체 상태인 드라이아이스는 녹으면 바로 기체가 된다.

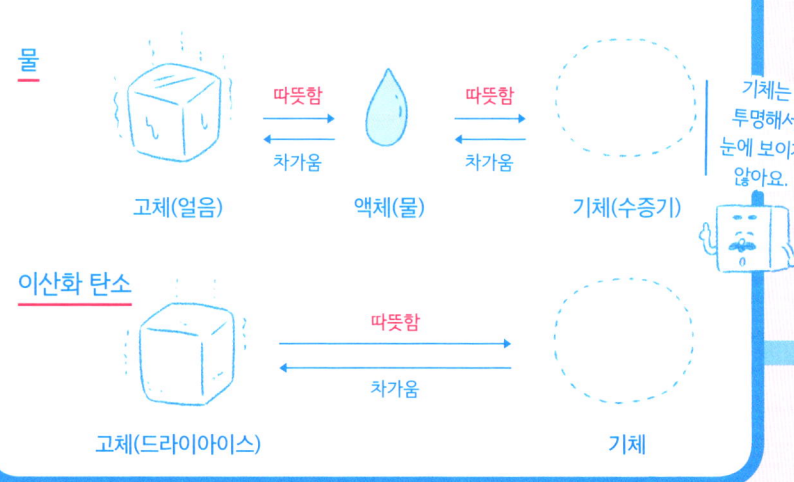

철과 온도

딱딱한 고체인 철도 온도를 뜨겁게 하면 액체나 기체로 변한다.

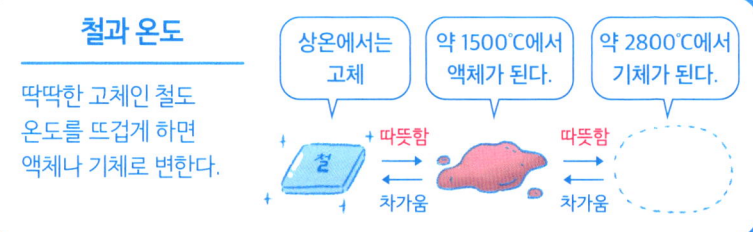

이산화 탄소도 압력을 조절하면 액체가 된다.

드라이아이스 만드는 방법

기체를 차갑게 하는 것보다, 압력을 가해서 고체로 만드는 게 쉬워요.

① 기체인 이산화 탄소에 강한 압력을 가해 액체로 만든다.

② 액체인 이산화 탄소를 공기 중으로 내보내면 순식간에 차가워져서 입자 상태의 드라이아이스가 만들어진다.

③ 여기에 약간의 물과 약품을 넣어서 모양을 만들면 드라이아이스가 완성된다.

이름의 유래

'드라이아이스'라는 이름은 미국에서 제조법 특허를 취득한 회사 명칭 '드라이아이스 코퍼레이션'에서 유래했다.

뭐든지 차가운 상태로 운반할 수 있어요~

저희 상품 드라이아이스 어떠신가요?

상품명이 그대로 이름이 됐어요.

대단해 그거 살게요!

오! 그런 게 있다니.

드라이아이스의 용도

드라이아이스는 녹아도 기체가 되어 사라지기 때문에 여러 곳에서 쓰이고 있다.

냉각제

무대 안개 연출

기계 부품 세척

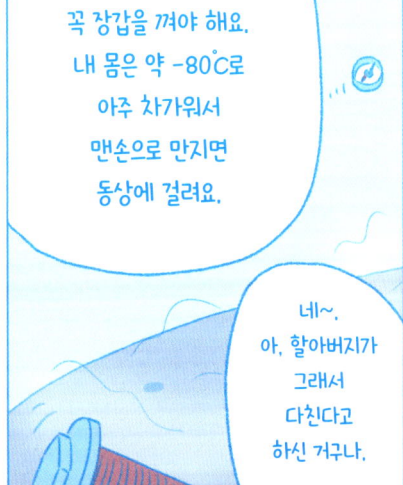

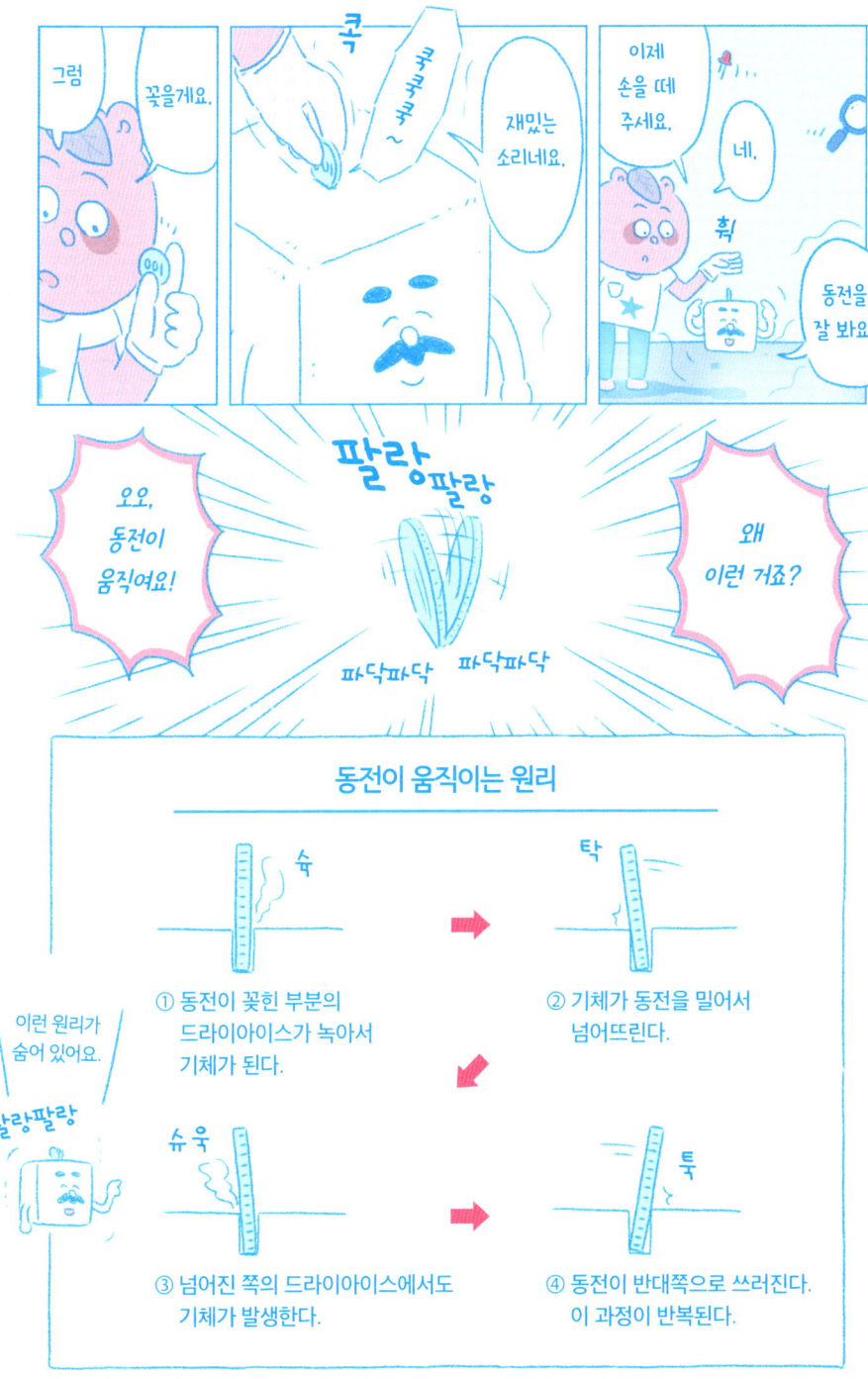

| 물리의 방 | **바 다**

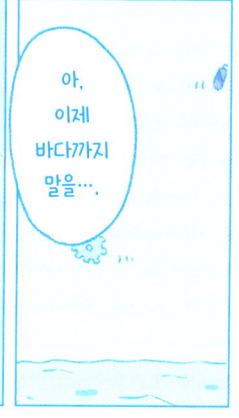

Q 바닷물에서는 왜 잘 뜰까?

A 바닷물에서는 민물에서보다 **부력이 크기** 때문이야.

부력이 뭐지?

부력이란, 물속의 물체에 위로 작용하는 힘을 말한다. 부력은 수압과 관련 있다.

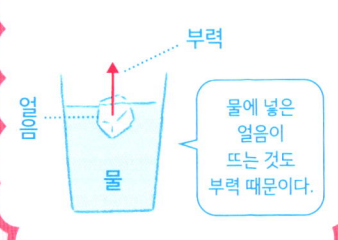

물에 넣은 얼음이 뜨는 것도 부력 때문이다.

수압이란, 물속의 물체를 누르는 물의 압력을 말한다. 공기가 누르는 압력인 '기압'과 비슷하다.

페트병 실험

수압과 수심의 관계는 물을 넣은 페트병에 구멍을 뚫어 물이 빠져나오는 모양을 보면 알 수 있다.

수심이 깊을수록 수압이 커지므로 물이 더 멀리 나간다.

수압과 부력의 관계

수압은 깊은 곳일수록 커진다. 따라서 물속의 물체에 가해지는 수압은 위쪽보다 아래쪽이 크고, 이때 '부력'이 발생한다

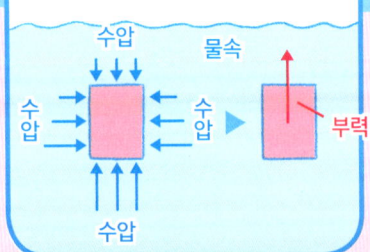

액체의 밀도와 부력의 관계

부력의 크기는 그 액체의 밀도*에 따라 변한다
(액체의 밀도가 클수록 부력은 커진다).
따라서 민물(수영장의 물)보다도 바닷물, 액체 금속인
수은처럼 밀도가 큰 액체일수록 부력도 커진다.

민물보다 바닷물이 밀도가 크기 때문에 잘 뜨는 거야~.

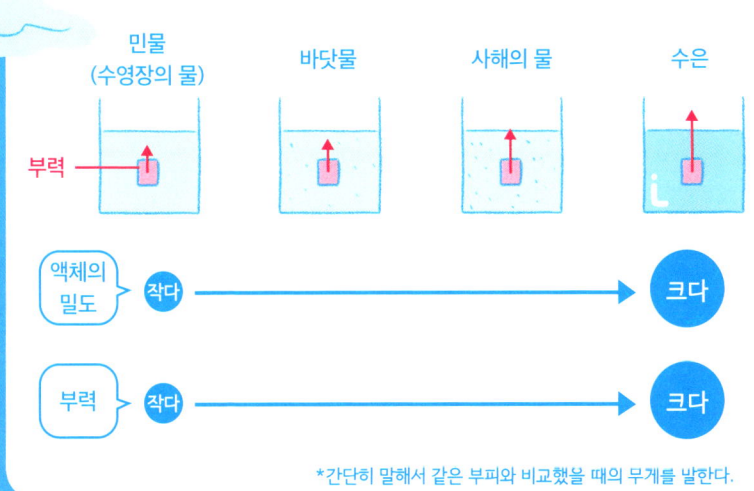

*간단히 말해서 같은 부피와 비교했을 때의 무게를 말한다.

사해

사해는 중동에 있는 호수로 염분 농도가 약 20~30%나 되어 바닷물보다 부력이 크다.

사해에 누워 신문을 읽는 사람

바다의 염분 농도는 보통 3.5% 정도야~.

뜰까? 가라앉을까?

액체 속에 든 물체가 뜨거나 가라앉는 것은 그 물체가 받는 부력과 물체의 무게로 정해진다.

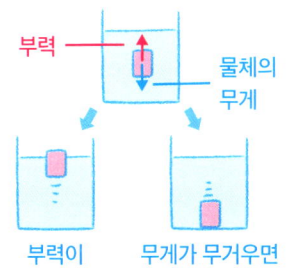

부력이 크면 뜬다. 무게가 무거우면 가라앉는다.

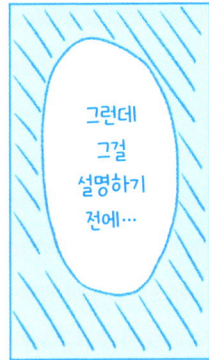

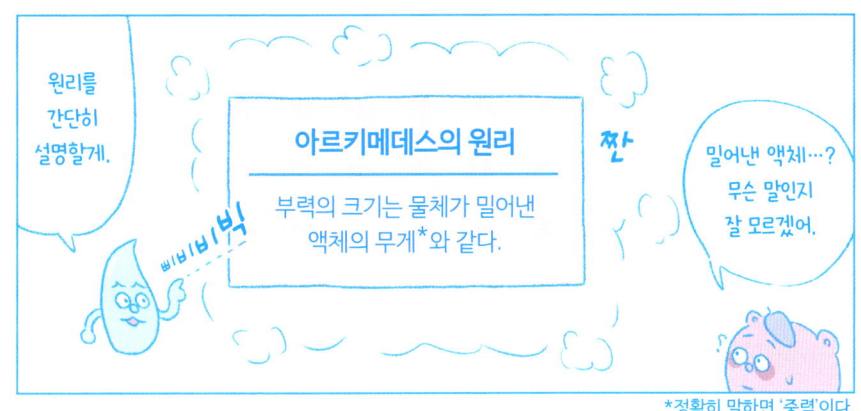

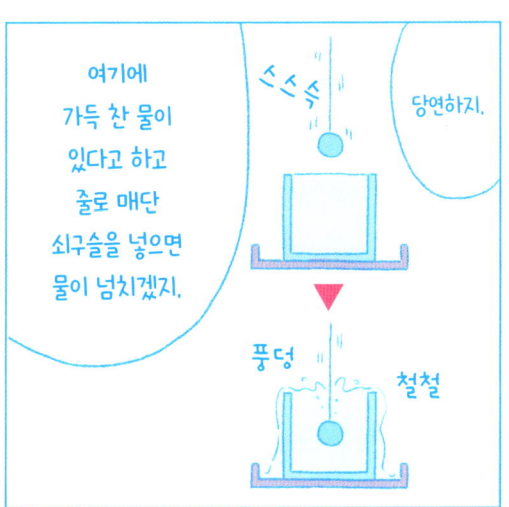

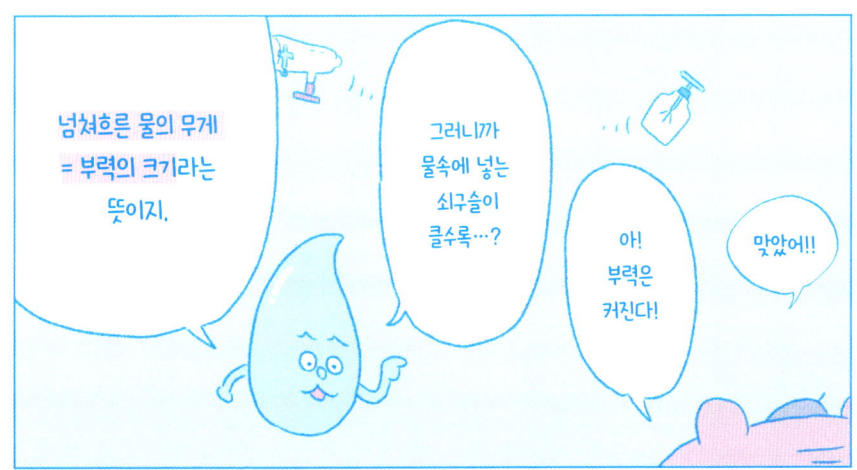

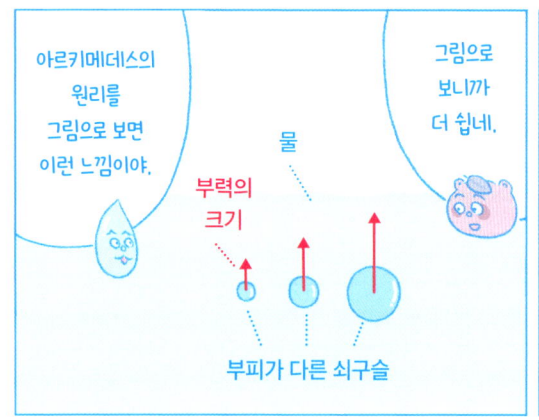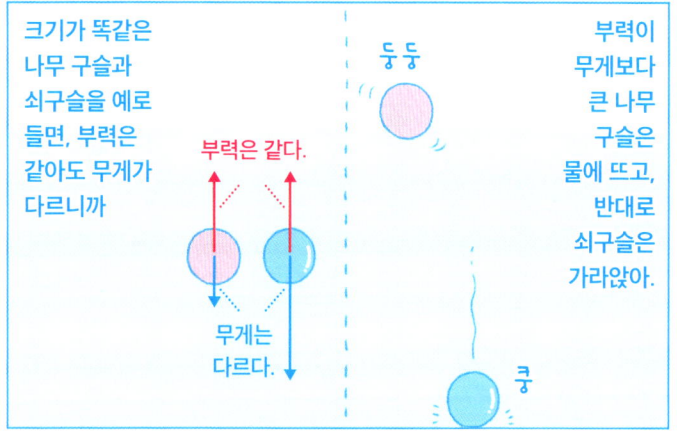

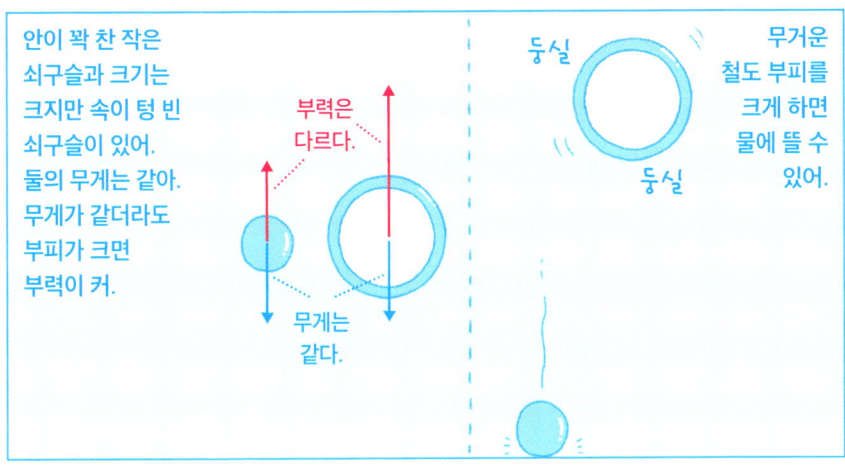

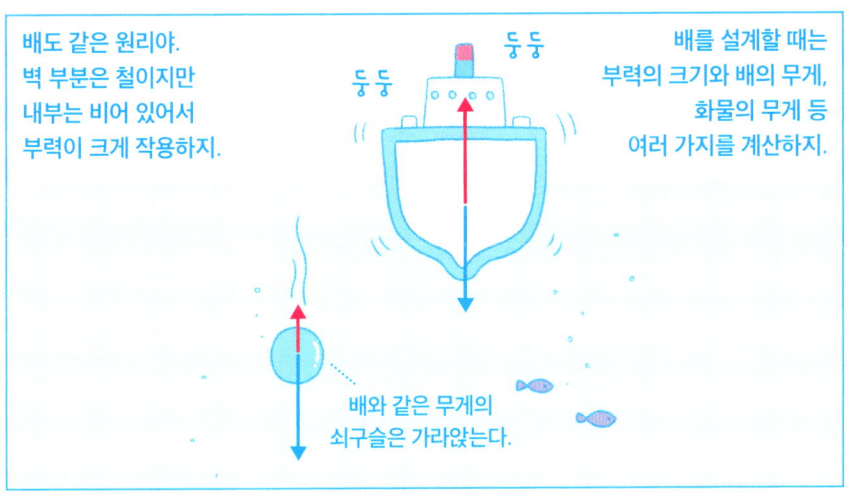

| 깨알지식 | **배가 뜨고 가라앉는 것** | 배가 어느 정도 바다에 잠기는지는 안전한 항해를 위해 중요하므로 복잡하고 다양한 방법이 만들어졌다. |

배의 기호

화물을 너무 많이 실으면 사고가 일어날 수 있다.
그래서 배가 최대한 잠길 수 있는 한계치를 설정해서
기호로 표시한다. 이 기호는 '만재흘수선'이라고 한다.

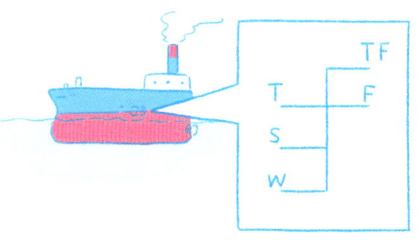

<기호의 의미>
TF 열대 담수
F 담수
T 열대
S 여름철
W 겨울철

해수인지 담수인지, 계절이나 해역에 따라서도 물에 뜨는 정도가 달라서 선이 여러 개 있어.

배 안에도 물이 담겨 있다!

유조선이나 화물선은 화물을 모두 내렸을 때 아주 가벼워진다.
그러면 배가 물속으로 거의 가라앉지 않아서 오히려 균형을 잡기 어렵다.
그래서 탱크에 바닷물을 담아 둔다. 이 물을 평형수라고 한다.

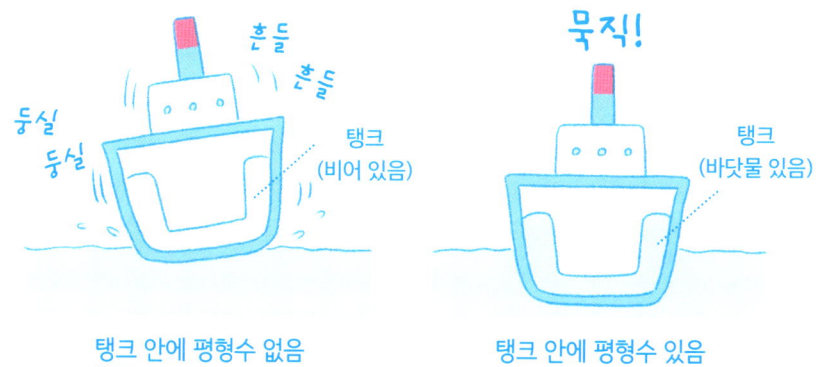

탱크 안에 평형수 없음
→ 거의 가라앉지 않아서 불안정하다.

탱크 안에 평형수 있음
→ 어느 정도 물에 잠겨서 안정적이다.

8월 15일 | 외갓집으로 출동.

어서 와, 우리 손주들.

할머니!

8월 16일 | 외갓집에서 돌아오는 날. 또 꽉 막힌 도로.

빵빵~ 빵~

더 일찍 출발할 걸 그랬나~

그날 밤 아빠는 다시 일터로 돌아갔다….

3장 과학의 방 캐릭터

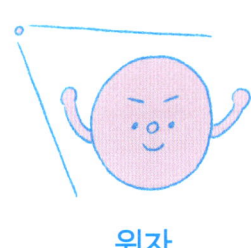

원자
아주 작아서 눈에 보이지 않는다.
정확히는 수소 원자다.

딱풀
말투가 웃기다. 아는 게 많아서
설명을 자세하게 해 준다.

드라이아이스
자기 몸에 실험하는 걸 좋아한다.
자상한 성격을 지녔다.

바닷물
변신해서 몸을 작게 만들 수 있다.
살짝 혀끝에 대 보면 짠맛이 난다.

4장
이제 안녕, 신기한 두루마리

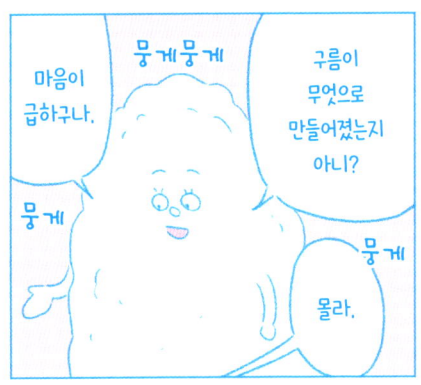

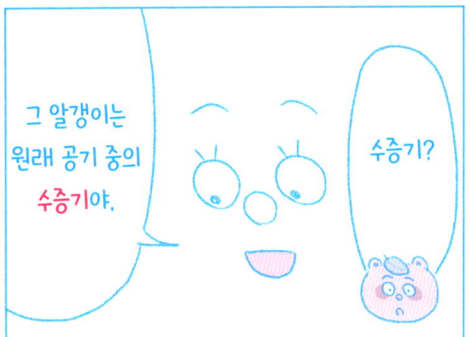
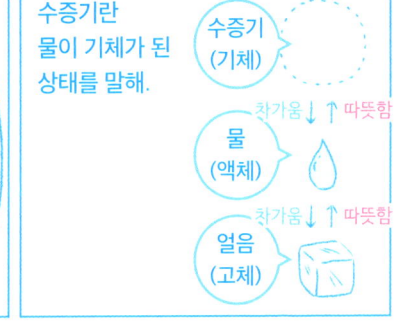

*습도가 0%이면 공기 중에 수증기가 없는 상태지만, 자연환경에서는 거의 드물다.

Q 구름은 어떻게 생길까?

A 습한 공기가 높은 대기로 올라가면 차가워지는데, 그 안의 **수증기**가 물방울과 얼음 알갱이로 변한 게 바로 구름이야.

구름이 생기는 건 공기의 세 가지 성질과 관련이 있어!

공기의 성질 1

따뜻해진 공기는 위로 올라간다.
(상승 기류가 된다)

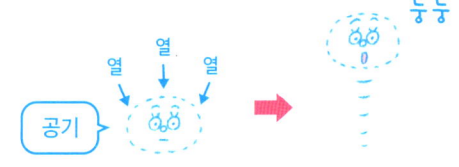

공기의 성질 2

기압이 내려가면 공기가 단숨에 팽창하면서 열을 소모하므로 차가워진다.

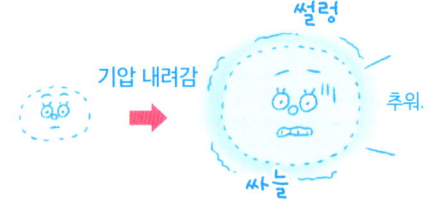

공기의 성질 3

수증기를 많이 머금은 공기를 식히면 수증기 중 일부가 물이나 얼음 알갱이로 변한다.

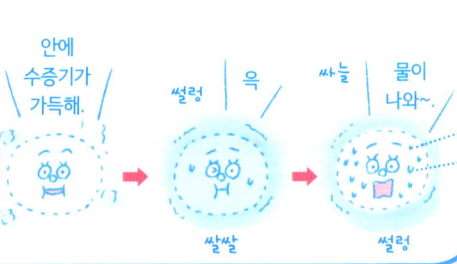

구름이 생기는 원리

① 햇빛을 받아 지표면이 따뜻해지면, 그 열로 주변의 수증기를 머금은 공기가 상승한다.
(공기의 성질 1)

② 공기 덩어리가 높이 올라가면 주변 기압이 낮아져 단숨에 팽창한다. 그러면서 열을 소모한 공기가 차가워진다.
(공기의 성질 2)

③ 차가워진 공기 속 수증기가 물이나 얼음 알갱이로 바뀌어 무리를 지은 것이 구름이다.
(공기의 성질 3)

구름이 생기는 고도

온도나 기압 등의 영향으로 고도가 약 11km보다 높은 곳에서는 구름이 생기지 않는다.

상공 11km 지점에 도달하면 구름은 수평으로 퍼진다.

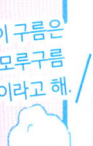

이 구름은 모루구름 이라고 해.

고기압에 날씨가 맑은 이유

고기압일 때는 그 중심에 하강 기류가 있어서 공기가 상승하지 않는다. 그러므로 구름이 잘 생기지 않아서 맑은 날이 많다.

고기압일 때 공기의 흐름

위에서 아래로 (하강 기류)

고기압의 중심

반대로 저기압에서는 구름이 잘 생겨.

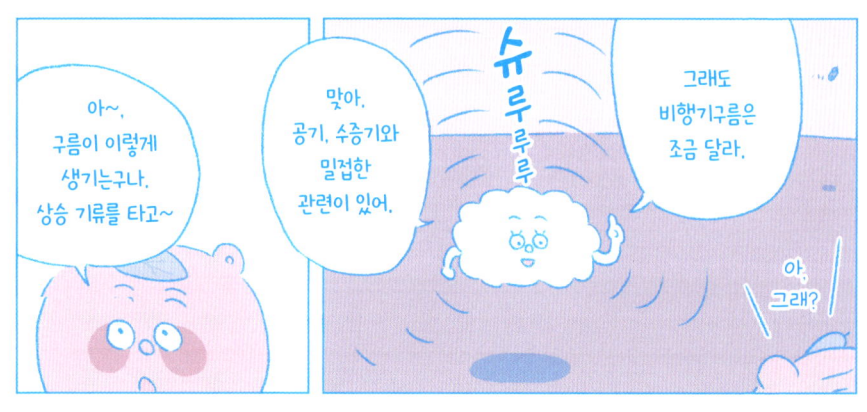

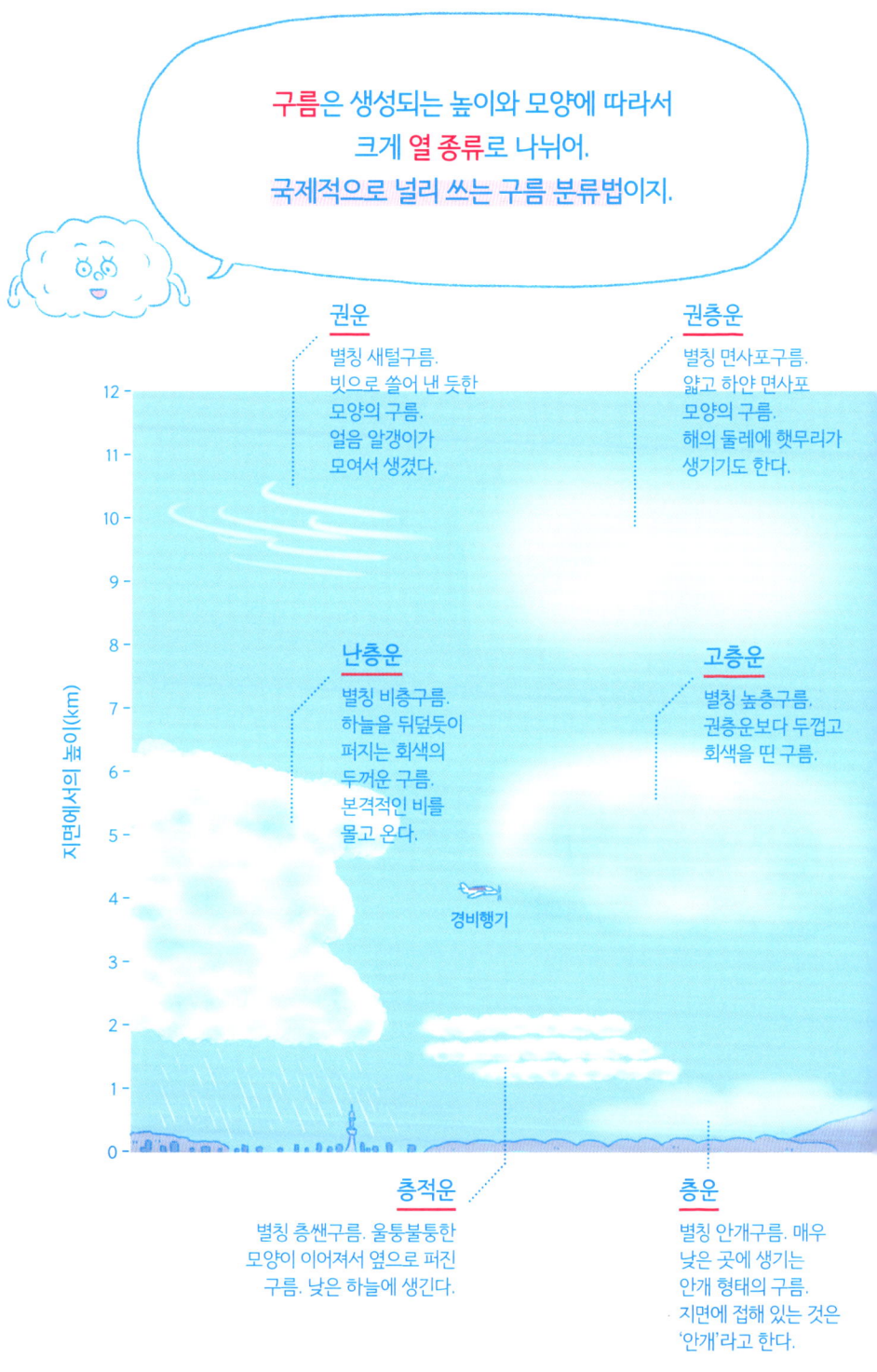

| 물리의 방 | **벼 락**

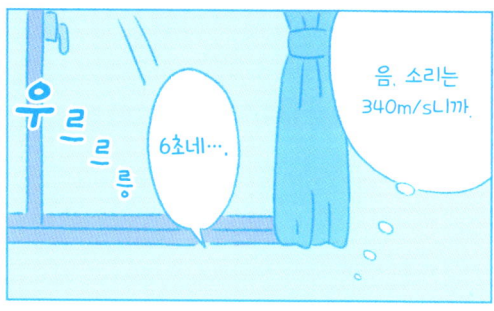

Q 벼락은 뭘까?

A 구름 속 얼음 알갱이가 부딪쳐서 생기는 **정전기** 때문에 일어나는 기상 현상이야.

정전기는 뭐지?

정전기란, 한 장소에 쌓여서 흐르지 않는 전기를 말한다. 서로 다른 물체끼리 문지르면 생기는데 한쪽이 플러스, 다른 쪽이 마이너스 전기를 띤다.

예) 책받침으로 머리를 문지른다.

흐르는 전기를 전류라고 해.

책받침이 마이너스 전기

머리카락이 플러스 전기

정전기의 방전

쌓여 있던 정전기는 전기가 지나갈 통로를 발견하면 **방전**된다.

예) 겨울철에 문손잡이를 잡으면

치릿!
전기가 흐른다.

벼락의 빛은 구름 안에 쌓인 정전기가 지면으로 한꺼번에 빠져나갈 때 생긴다.

공기가 폭발해!
우르릉 쾅쾅

벼락이 치는 순간, 주변 공기가 약 3만 ℃로 뜨거워진다. 그래서 공기가 급격히 팽창해 폭발하며 천둥소리가 난다.

벼락이 떨어지는 원리

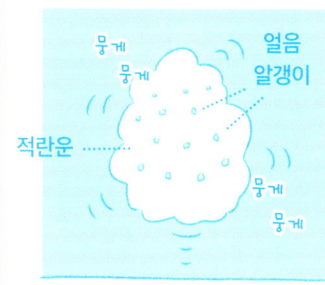

① 적란운이 위로 커지면 얼음 알갱이가 생긴다.

② 구름 내부의 상승 기류로 인해 얼음 알갱이들끼리 부딪친다.

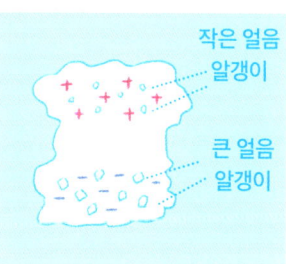

③ 구름 위쪽에 있는 작은 얼음 알갱이는 플러스 전기, 아래쪽에 있는 큰 얼음 알갱이는 마이너스 전기를 띤다. 즉, 정전기가 쌓인다.

④ 구름 아래쪽의 마이너스 전기가 지면에 플러스 전기를 끌어당긴다. 그리고 쌓인 정전기가 한꺼번에 방전되며 빛과 소리를 낸다.

벼락이 떨어질 때 왜 큰 소리가 날까?

계절과 벼락의 위력

겨울철 벼락은 여름보다 횟수는 적지만 한번 발생할 때 에너지의 양이 엄청나서 피해도 크다.

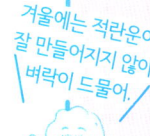

겨울에는 적란운이 잘 만들어지지 않아 벼락이 드물어.

오~, 정전기구나.

벼락이 발생하는 원리는 아직 완전히 밝혀지진 않았어.

그래도 이건 확실히 알아 둬.

벼락은 에너지가 엄청나게 커서 위험해!

히익

벼락 치는 소리가 들리면 바로 대피해야 해!

| 물리의 방 | # 엑 스 레 이

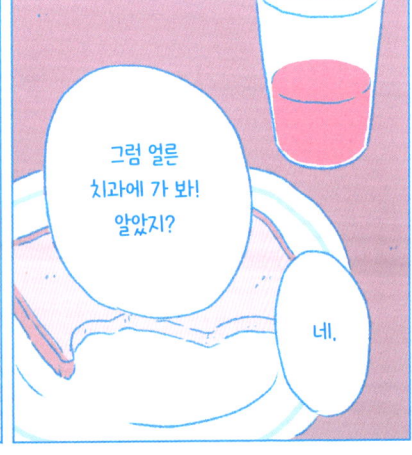

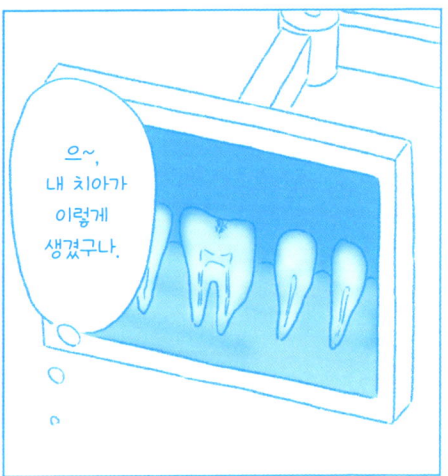

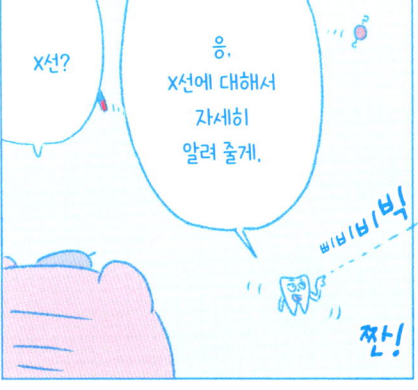

Q 엑스레이로 어떻게 몸속을 들여다볼까?

A 촬영에 사용하는 X선은 몸을 투과하는 성질이 있기 때문이야.

X선이 뭐지?

X선은 방사선*의 일종. 에너지가 매우 크며 눈에 보이지 않는다.

X선은 물질을 투과하는 성질이 있는데, 납처럼 밀도가 높거나 두꺼운 물건은 투과할 수 없다.

X선을 발견한 사람

X선은 1895년 독일의 물리학자인 빌헬름 뢴트겐에 의해 발견되었다. 그는 이 업적으로 1901년 제1회 노벨 물리학상을 받았다.

우연히 발견했죠.

빌헬름 뢴트겐
(1845~1923년)

인체 중에서 뼈는 X선이 투과하기 어렵다.

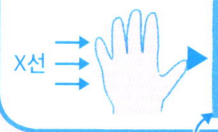

X선이 많이 투과한 부분은 까맣게 나온다.

치아도 X선이 투과하기 어렵지만, 상해서 밀도가 낮아진 충치는 비교적 투과하기 쉽다.

*방사선은 X선 외에도 여러 종류가 있다. 방사선이 사람의 세포에 닿으면 손상을 입힐 수 있다.

엑스레이 촬영 과정

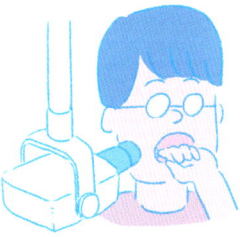
① 입안에 필름을 대고 바깥쪽에 촬영 장치를 가까이 둔다.

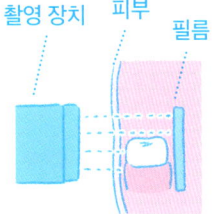
② 바깥쪽에서 X선을 쬔다.

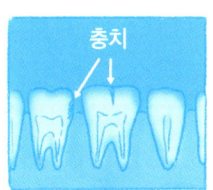
③ 치아 내부에 어두운 그림자가 있으면 그 부분이 충치일 가능성이 있다.

> 충치는 밀도가 낮아서 X선이 더 많이 투과해.

X선이 몸에 좋지 않다는데 엑스레이 촬영을 하지 말아야 할까?

엑스레이 촬영을 한 번 했을 때 건강에 영향을 줄 가능성은 적다.

파노라마 치아 엑스레이

치아 엑스레이 촬영 장치는 위의 방법 말고도 파노라마 방식이 있다.

> 촬영 장치가 빙글빙글 돈다.

사실 방사선은 많은 물체에서 나오기 때문에 우리는 늘 방사선에 노출되어 있다. 1년 동안 일상에서 노출되는 방사선량에 비하면 엑스레이 한 번 촬영 시에 노출되는 양은 매우 적다.

인간이 1년 동안 자연에서 쐬는 방사선 2~3mSv(밀리시버트)

치과 엑스레이 0.01mSv

흉부 엑스레이 0.02~0.1mSv

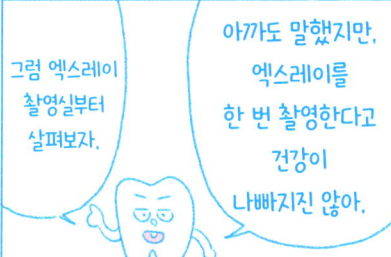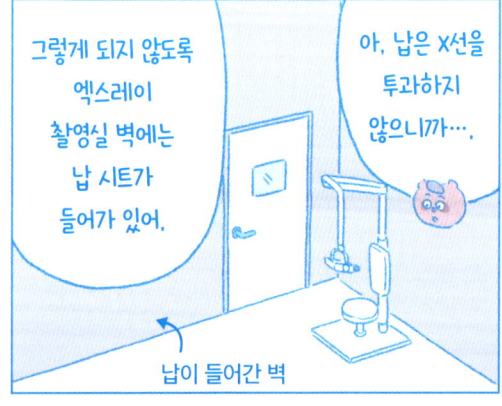

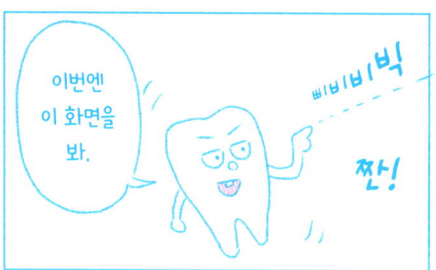

X선이 쓰이는 곳(의료 분야 외)

- 공항의 수화물 검사
- 오래된 유물의 성분 분석
- 공장의 품질 검사
- 수도관 내부의 노후 진단

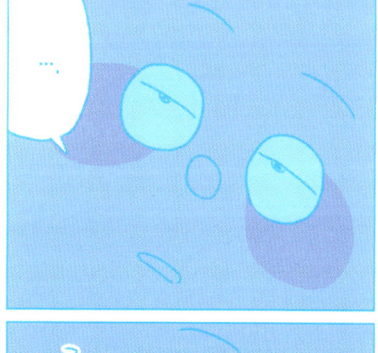
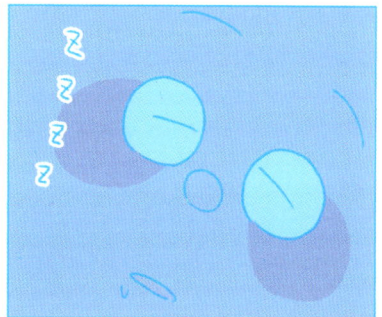

4장 과학의 방 캐릭터

| 변신 전 | 적란운 버전 | 벼락 버전 |

구름

여러 모양으로 변신 가능. 평소엔 얌전하다가
벼락 버전이 되면 분위기가 달라진다.

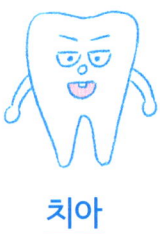

치아

항상 강해 보이고 무뚝뚝한 성격이지만
질문하면 설명을 잘해 주는 다정한 친구다.

| 에필로그 | **여름 방학 끝**

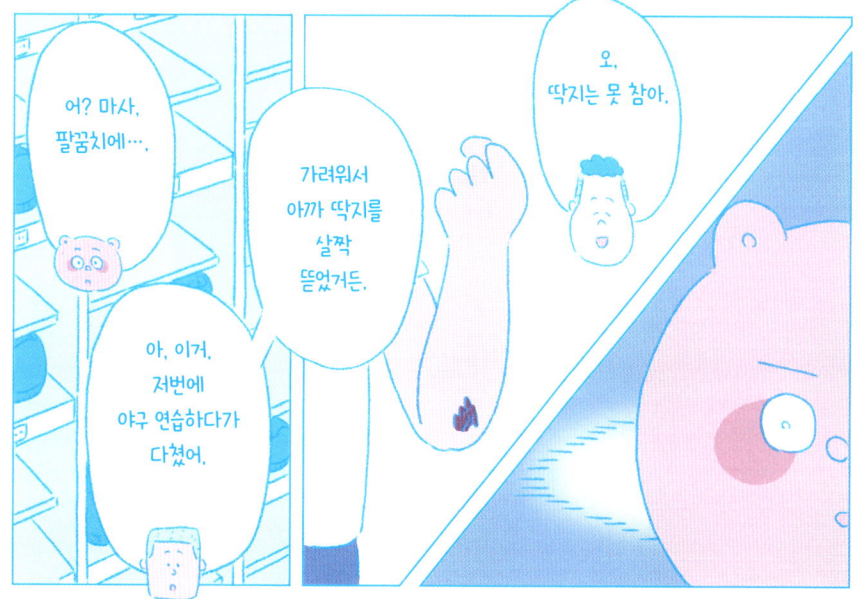

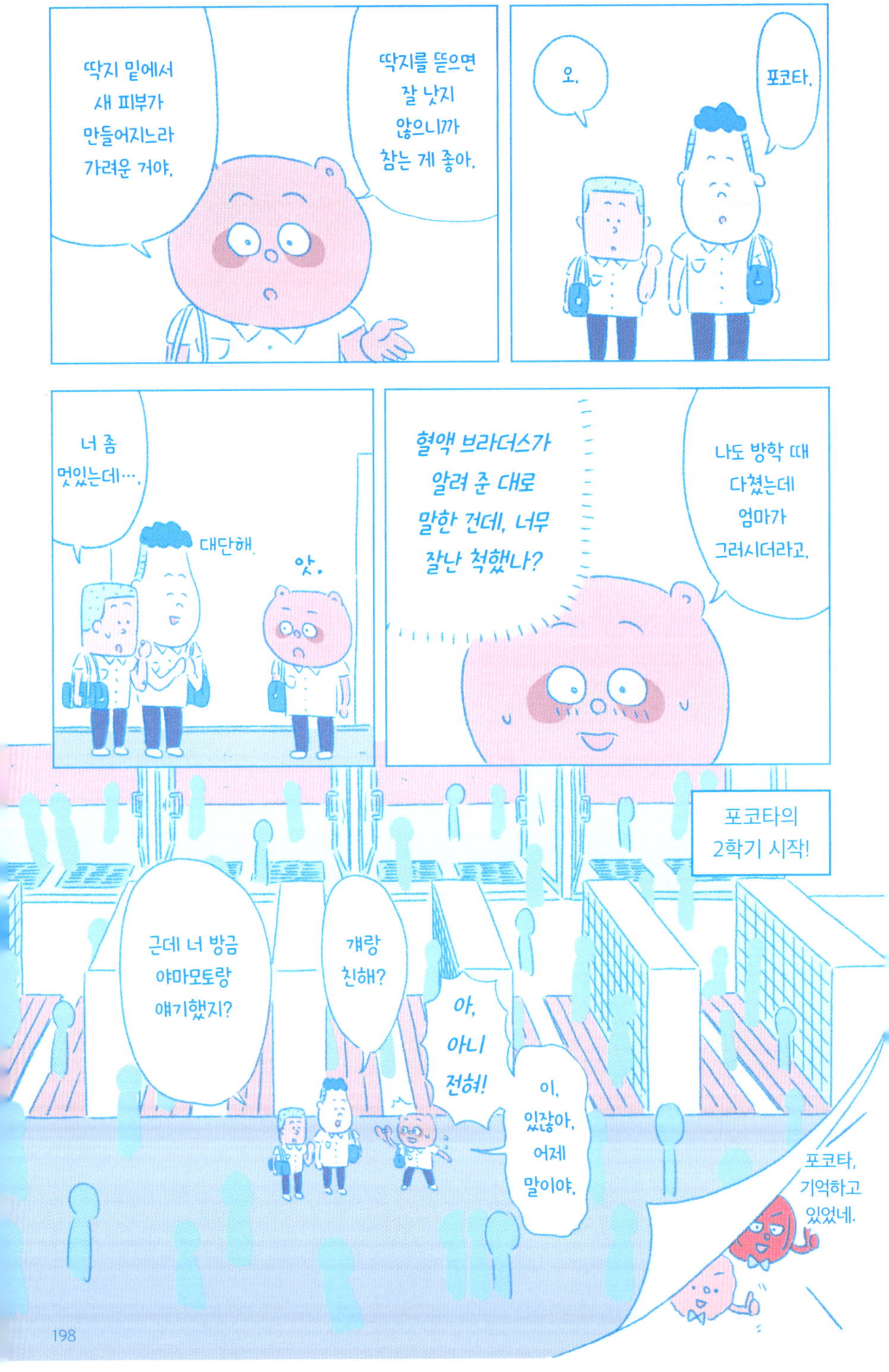

제 여름 방학 이야기가 여러분에게도 재밌고 신나는 경험이면 좋겠어요.

다 안다고 착각하는 과학 상식

초판 1쇄 발행 2022년 8월 17일 초판 2쇄 발행 2025년 4월 8일

지은이 우에타니 부부
감수한 이 갈릴레오스튜디오
옮긴이 한선주
펴낸이 최순영

교양 학습 팀장 김솔미 편집 이혜림
키즈 디자인 팀장 이수현 디자인 이남숙

펴낸곳 ㈜위즈덤하우스 출판등록 2000년 5월 23일 제13-1071호
주소 서울특별시 마포구 양화로 19 합정오피스빌딩 17층
전화 02) 2179-5600 내용문의 02) 6748-3802
홈페이지 www.wisdomhouse.co.kr 전자우편 kids@wisdomhouse.co.kr

Original Japanese title: KYOKASHO NO SOTODE DEAU BOKURA NO MINOMAWARI NO RIKA
Copyright ⓒ 2021 Uetani Huhu

Supervised by Galileo Science Workshop
Original Japanese edition published by KAWADE SHOBO SHINSHA Ltd. Publishers
Korean translation rights arranged with KAWADE SHOBO SHINSHA Ltd. Publishers
through The English Agency (Japan) Ltd. and Danny Hong Agency
Korean translation rights ⓒ 2022 by Wisdom House, Inc.

이 책의 한국어판 저작권은 대니홍 에이전시를 통한 저작권사와의 독점 계약으로 ㈜위즈덤하우스에 있습니다.
저작권법에 의해 한국 내에서 보호를 받는 저작물이므로 무단 전재와 복제를 금합니다.

ISBN 979-11-6812-343-4   73400

· 이 책의 전부 또는 일부 내용을 재사용하려면 반드시 사전에 저작권자와 ㈜위즈덤하우스의 동의를 받아야 합니다.
· 인쇄·제작 및 유통상의 파본 도서는 구입하신 서점에서 바꿔드립니다.
· 책값은 뒤표지에 있습니다.
· 이 책의 사용 연령은 10~15세입니다.